Je suis mort en Amazonie

L'homme blanc pose trop de questions.

Paroles d'un Amérindien.

PRÉFACE

Je décolle le 14 juin 2009, grâce à un billet offert par la fondation Zellidja[1]. Neuf heures plus tard, je pose le pied sur le sol de Cayenne, le chef-lieu de la Guyane, une porte d'entrée aisée pour tout Français. Je ne connais pratiquement rien sur ce pays, personne ne m'attend. Je suis arrivé les mains dans les poches avec un livre sur la forêt et un numéro de portable pour un éventuel contact sur place (un copain de copain de copain). Je n'ai donc rien à perdre, je compose les chiffres inscrits sur mon minuscule bout de papier. Un Créole à la

1. Association ayant pour but d'envoyer des jeunes à travers le monde afin qu'ils acquièrent une expérience qui leur servira tout au long de leur vie. Elle m'avait déjà financé lors de mon premier voyage avec Camomille, en 2008. Voir aussi p. 171.

voix amicale me répond. Je lui présente mon rêve d'enfant : partir en solitaire à la rencontre des peuples amérindiens les plus reculés possible dans la forêt primaire. Un voyage initiatique chez les Indiens que la société n'a pas encore digérés et une question essentielle : comment vit l'être humain quand il ne connaît pas l'argent ?

Mon histoire le fascine vite et il promet de venir me récupérer à l'aéroport après sa réunion. Il est conseiller municipal d'une petite commune proche de Cayenne. À ce jour, je ne sais pas s'il peut m'aider, mais le simple fait qu'un métropolitain s'intéresse à la Guyane semble déjà être un scoop pour lui. Il est vrai que plus personne ne parle de cette ancienne colonie sans doute trop éloignée de Paris. Des dizaines de Français y meurent tous les jours dans la plus grande indifférence des métropolitains. Aucune annonce dans les journaux télévisés, aucun article… Elle n'attire plus que des scientifiques avides de découvertes, elle n'est plus rien d'autre qu'une terre d'étude. Pourtant, ce département d'outre-mer est pratiquement aussi grand que le Portugal. Il abrite six ethnies amérindiennes aux cultures variées qui vivent sous le couvert de plus de quatre-vingt mille hectares de forêt vierge. Peu de gens le savent, mais l'Amazonie pousse aussi sur les terres de France.

Étienne, mon bon Samaritain, m'accueille sous son toit à Matoury. Il se décarcasse pour que j'aille au bout de mon projet. La sentence « tu aimeras ton prochain comme toi-même » résonne merveilleusement en lui. Je m'habitue au pays, où le calme et la nonchalance de la journée alternent avec l'effervescence des nuits. Étienne m'héberge pendant deux semaines et, grâce à ses relations, je réussis à me faire accepter dans un village amérindien en bordure de la grande forêt. Le chef de Sainte-Rose-de-Lima [2] me reçoit comme son fils et m'accepte au cœur de sa vie quotidienne. Je commence à apprendre les rudiments de la vie d'Amérindien, mais c'est surtout l'occasion pour moi de vivre la première étape de mon apprentissage du voyage : me forger aux maladies tropicales. En effet, au cours du mois passé en leur compagnie, je passe plusieurs nuits à halluciner sous le poids de fortes fièvres, des journées à somnoler à cause d'infections au staphylocoque,

2. Un des plus gros regroupements d'Amérindien sur la côte à proximité de Cayenne.

ou encore des semaines de lutte contre la gale. Cela fut un dur moment, mais il s'avéra ma meilleure arme dans la forêt. Car je n'ai pas voulu que mon sac à dos contienne de médicaments modernes. Ils ne viennent qu'en dernier recours. Cette exigence me permet une immersion plus intense dans mon milieu, ainsi qu'une meilleure compréhension de celui-ci. Mon but premier n'est pas de survivre dans les pays que je traverse, mais bien d'y vivre, et pour cela je me dois de pouvoir vaincre tout seul les micro-organismes du pays. Car je vise bien plus loin que ce village où la folie de la vie allie modernité et valeurs ancestrales. Une alchimie déjà délicate en apparence et qui couve un vrai suicide dans ses fondements. Ces Amérindiens en ont hélas plus que le nom. La plupart sont salariés et perçoivent suffisamment d'argent pour acheter leurs boîtes de conserve…

Après quelques excursions dans la jungle, j'en tombe comme amoureux. Je ne demande plus qu'à mettre le cap sur cet océan de verdure et, quand j'y suis, à aller encore plus loin. Le 16 juillet, mes envies me poussent à prendre un avion de brousse afin d'atterrir, dans la forêt primaire, à Maripasoula. Dernier rempart de la mondialisation, la ville pousse sur les rives du

Maroni – le fleuve frontière entre la Guyane et le Suriname. Mais en réalité, c'est une démarcation inutile pour les peuples à l'origine nomades qui vivent dans la région. Les contrôles sont inexistants, on entre en France comme dans un moulin. Je trouve rapidement une pirogue-taxi afin de remonter le fleuve jusque dans les derniers villages connus. Plusieurs heures de navigation sur des eaux impétueuses me sont nécessaires. Mais le jeu en valait la chandelle, car je me trouve enfin devant la grande Amazonie ! Celle qui fait rêver, celle qui fait peur. La grande dame qui ne laisse personne indifférent.

Je m'insère une seconde fois dans une communauté indigène et les accompagne pendant deux semaines de pêche et de chasse, malheureusement aussi d'argent... Je dois redescendre sur terre, les Amérindiens qui n'ont jamais vu de billet sont morts depuis longtemps. Ma désolation est grande, car ces hommes disparaissent les uns après les autres, engloutis dans les eaux polluées au mercure du fleuve [3] ou dans les vapeurs d'un alcoolisme tout aussi ravageur.

3. Les eaux des fleuves amazoniens regorgent de richesse qui attirent une foule d'orpailleurs clandestins, extrayant l'or à tout prix.

Les jeunes tentent tout pour aller s'installer en ville, les vieux quant à eux attendent la fin de leur bouteille. Cependant, maintenant que j'ai rencontré la vraie forêt, celle qui m'aimante depuis tant d'années, il m'est impossible de rebrousser chemin. Je décide de tout mettre en œuvre pour m'y rendre.

Vu par certains comme un porte-monnaie et par d'autres comme une création de Satan, ce petit village [4] vit dans un climat qui me devient vite insoutenable. Un évènement d'un soir trop arrosé précipite les choses. Un Indien me prend à part en me faisant bien entendre que je ne suis pas le bienvenu pour tous les membres de l'ethnie. Mon apprentissage de la vie en forêt n'est pas totalement fini, il me reste tant à apprendre, mais je ne peux plus attendre. Je convaincs un ami de me déposer au bord de l'Amazonie et de m'y abandonner.

Au sein des tribus, on n'a que l'âge que l'on se donne ; pour moi, c'est pareil, je me sens prêt, l'heure de partir a sonné.

---

4. Ce village indien se nomme Antecume-Pata (voir carte p. 170).

1

UNE PRISON DE LIANES

2 août 2009. Ça y est, je suis mort. Je suis entré dans les ténèbres, je ne reviendrai plus. Tout le monde m'a dit que j'allais mourir, que se jeter du haut d'un immeuble eût mieux valu. Mais cela m'importe peu aujourd'hui. J'ai franchi le seuil de la jungle, la demeure d'où on ne sort pas. Les habitants de la forêt[1] n'ont pas voulu me suivre là où je vais, même eux ne s'y risquent plus. Surtout seul, sans arme, sans expérience… Cela fait deux semaines que je partage leur vie. Le drapeau français flotte sur leur village tel un vieux billet froissé. Ses couleurs sont ternes, sa gloire s'efface. Et

1. C'est-à-dire les Amérindiens.

pourtant, il danse toujours, pour un autre dieu cette fois-ci : le dieu de l'argent, le dieu de l'homme blanc. Une vieille histoire s'achève, une autre vient de commencer. Un rideau s'est abaissé derrière moi. Je suis seul, je vais mourir.

J'ai 18 ans. Je ne connais pas grand-chose de ce monde, mais je le quitte sans regret. Vivre ne me déplaît pas pour autant, loin de moi les envies suicidaires. Bien au contraire, je suis ici pour tenter d'exister. La forêt m'a toujours attiré et vivre sans me réaliser me semble plus dur que de mourir. Tout le monde a quelque chose de similaire caché au fond de soi, peu vont au bout de leurs idées. Le bonheur n'a pourtant qu'un visage, la réalité est là, l'ignorer ne fait que la renforcer. C'est pour cela que je suis parti, c'est pour cela aussi que je vous écris. Peut-être que mes ambitions sont démesurées, peut-être que ce que vous appelez la raison m'a abandonné… Un Indien m'a conté une histoire il y a peu, on pourrait la résumer ainsi : il a réussi, car il ne savait pas que cela était impossible. Alors je préfère ne pas savoir, je préfère être fou. Je marcherai tant que je le pourrai, et ce jusqu'à mon dernier souffle, pour moi, pour ma vie, pour l'espoir. On dit qu'il fait vivre, le mien risque de me faire mourir. Mais trêve de bavardage. Je vous lègue mon parcours, vous entrez dans mon rêve, puisse ma folie y survivre.

Je suis seul, dos au mur. Devant moi le fleuve rugit, emportant le dernier être humain à des kilomètres à la ronde. Mon piroguier s'estompe peu à peu. J'entends encore sa voix d'enterrement me débiter ces mots avec la même platitude que si elle avait jeté de vulgaires bouts de viande à Cerbère : « Te perds pas ; te branle pas. » Les Amérindiens ont toujours été concis, surtout quand ils ont l'impression de perdre leur temps. Mes adieux avec la civilisation devaient être brefs, pour lui je n'étais qu'un futur repas. Il n'avait pas l'intention d'en dire davantage. Pourtant mon regard interrogateur le força à continuer :

« Nous, les Indiens, on *branle* pas en forêt. Quand viens te chercher ?

— Le 23, en milieu d'après-midi.

La réponse sortit d'elle-même, par nécessité. Mais en réalité, nous savions tous deux que revenir de l'inconnu ne s'improvise pas au jour près.

— OK.

Il allait m'abandonner à mon sort quand il ajouta :

— Tu veux une cigarette ?

— Oui.

Il m'en tendit deux, accompagnées d'un petit sourire dont il emporte le secret. Tiendra-t-il sa parole ? Viendra-t-il me rechercher ? Croit-il seulement à mon retour ?...

Je ne le pense pas. Mais la question que je me pose à cette date est plutôt si moi, je crois en mon retour.

On entre dans l'Amazonie comme on descend aux Enfers. Je m'y suis engouffré jusqu'en fin d'après-midi. La nuit ne voulait pas que j'aille plus loin. Un sang d'encre est tombé. De toute façon, cela ne change rien, le jour n'entre pas souvent ici-bas. Des lucioles ont allumé leurs feux de détresse et clignotent[2]. Elles sont mes seules étoiles, mon seul phare dans ces ombres. Quelles seront mes péripéties ? Je suis bien loin de m'en douter, seulement je le sais déjà... On raconte que l'on ne vogue pas impunément sur ces rivages méconnus. Je suis dans l'antre de la vie, dans la grosse usine d'où nous sortons tous, nous, les robots alimentés à l'oxygène. Un monde de Titans, où l'homme n'est plus rien,

2. Il s'agit d'insectes volants qui brillent ; nos vers luisants.

où la malchance et la mort s'allient dans un duo effrayant.

Il y a autant d'épines autour de moi que d'habitants sur cette planète, autant d'arbres qu'il y a de voitures, autant de lianes que d'armes, autant de terres que de peurs, autant de lumière que d'espoir… Cependant, ma vie, c'est moi qui l'ai choisie. Je la tiens dans le creux de mes mains, mes pieds la portent et personne d'autre que moi n'en décidera. Que sommes-nous d'autre sinon le dieu de nous-même ? Il est tard, je me laisse prendre par le sommeil. Mon hamac suspendu entre deux arbres, entouré d'un foyer sécurisant de part et d'autre, mon énergie s'évapore lentement. Je sombre dans les brumes d'Hypnos [3].

Réveil en sursaut. Un bruit tout proche m'alerte. J'ai l'étrange sensation d'être observé. On s'avance ! J'ai déjà mon coutelas en main. Mon corps n'est plus qu'un arc bandé à l'extrême qui menace de lâcher d'une seconde à l'autre. J'attends dans l'ombre mon assassin. Il ne tarde pas. Il court. Non, il charge ! Les feuilles mortes craquent sous la puissance de son allure. Il sera bientôt sur moi. Quelle est sa nature ? Jaguar, puma, panthère… Le feu ! Je

3. Dieu du sommeil chez les Grecs.

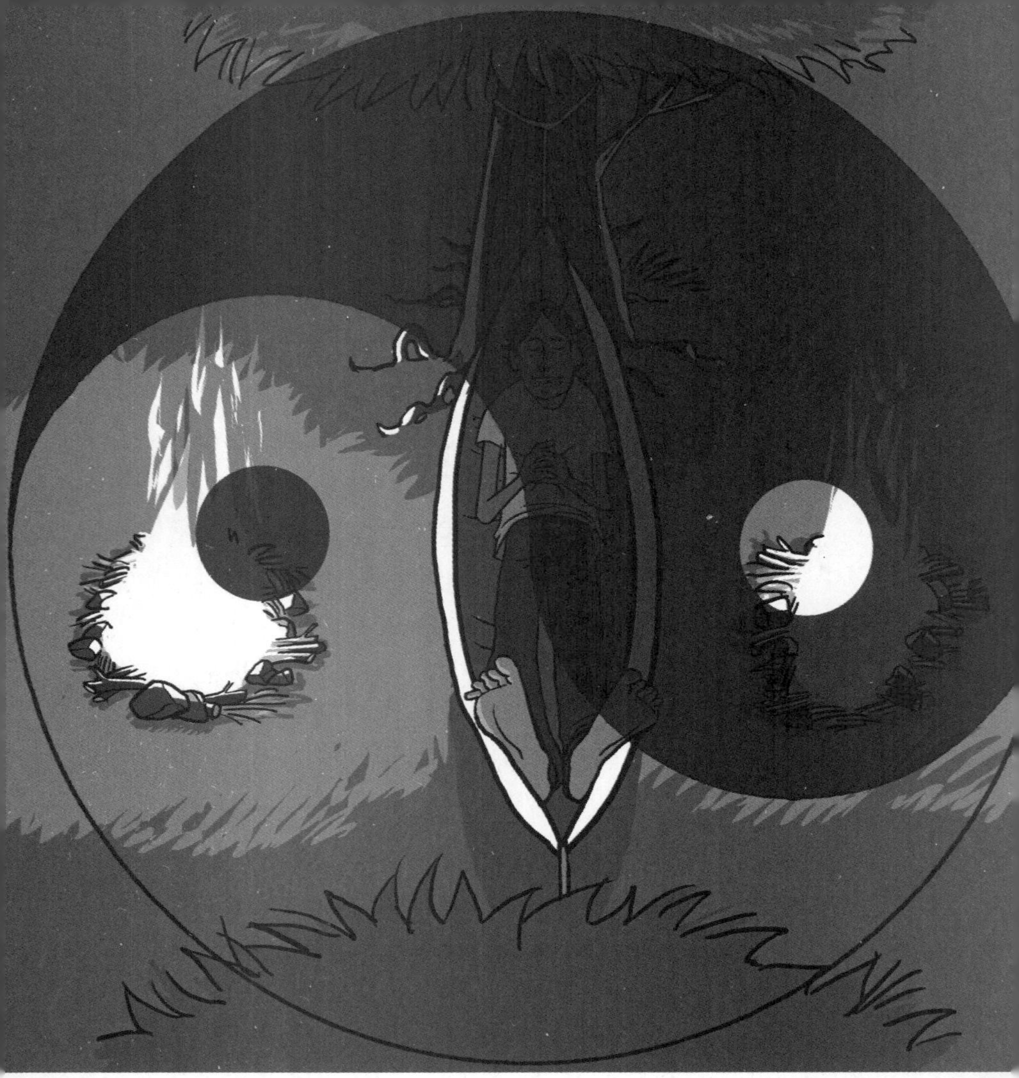

réalise que ma seule défense s'est éteinte. Je saute de mon hamac, saisis ma machette d'instinct et frappe à l'aveuglette. La terre vole, le bois rompt, je me déchaîne contre le noir. Plus un bruit de la part de mon adversaire. Où est-il ? Je suis trop vulnérable, je n'y vois rien. Même Vénus n'arrive pas à percer cet épais plafond végétal. Je tombe à genoux et souffle de toutes mes forces sur les dernières braises, si fort que j'en crache dessus, la fumée me pique les yeux, je l'avale, lutte pour ne pas tousser. Je n'ai pas une seconde à perdre. Les bruits m'observent, ça recommence, on dirait que… ça rampe ! Grage grands-carreaux[4], anaconda, python… Un combat pour la vie commence. Un autre homme sort de moi et me gouverne. Je ne suis plus qu'un animal enragé, criant de tout son être pour exister, pour subsister. Une étincelle s'envole. Le feu jaillit ! La flamme manque de me brûler les cheveux, mais qu'importe : je suis sauvé. J'écoute le doux crépitement de la vie. Les fesses nues sur les feuilles mortes, abasourdi et le cerveau embrumé par la fumée avalée.

Me voilà raccroché à toi, petit feu, sans toi je ne puis exister. Tu es ma lumière dans ce monde, ma seule lueur d'espoir. Le rêve avait débuté par un cauchemar et je me demandais déjà combien de temps il allait encore perdurer…

Je ne m'étais reposé que quelques heures hier soir, c'étaient les dernières avant la fin. Doréna-

4. Terme de Guyane, pour le *Lachesis muta,* un des serpents les plus redoutés de la forêt à cause de son venin. On distingue aussi le grage petits-carreaux, *Bothrops brazili*, qui ne mesure guère plus de deux mètres alors que le premier peut atteindre trois bonnes enjambées.

vant, je me dois d'assurer mes arrières, sinon je ne donne pas cher de ma vie.

Je me réveille avec des crampes au poignet, tenant encore mon couteau comme si mon existence en dépendait. De larges marques rouges se sont gravées à la surface de ma paume, d'autres plus en profondeur... Des oiseaux mangent un peu plus haut dans les arbres. L'expérience de cette nuit s'avéra bénéfique pour eux. Je leur laisse la vie, je suis bien trop content d'avoir encore la mienne. Vivre n'a pas le même prix partout dans le monde, c'est l'une des premières choses que j'ai apprises en voyageant. Cela n'a jamais été aussi vrai que ce matin.

L'envie d'abandonner ne m'effleure même pas. Je n'ai pas d'échappatoire possible, je me dois d'affronter mon choix. J'ai signé pour une aventure, une vraie. J'ai peut-être pactisé avec le diable, mais je suis prêt à en payer le prix. Me voilà déjà en marche tel un aveugle, ma machette dans le prolongement de mon avant-bras, fouillant le sol afin d'y déloger ses occupants. Il y a trois principales causes de mort en forêt : la première de toutes est de se perdre. La seconde, la morsure de serpent. La dernière, imparable, l'attaque d'un jaguar. Mes restes d'intrépidité sont morts hier soir. Depuis, la prudence ne cesse de croître, mon avancée s'en trouve ralentie. Cependant, la joie de jalonner les sentiers de mes ambitions me contente largement.

La mort s'amuse à un drôle de cache-cache avec moi. L'odeur de son venin emplit ces lieux. Chaque pas hasardeux pourrait être mon dernier. La peur arpente mon sillage et mes petites enjambées me paraissent de véritables bonds dans un avenir déjà corrompu. Plus loin, je me console en me disant que si un animal voulait se faire les crocs, il y aurait de fortes probabilités pour que je ne l'entende pas. Ainsi, les bruits me paraissent plus amicaux, l'éventuelle mort plus douce. Surtout que la forêt abrite un véritable orchestre, les bruits volent de toutes parts. Ils déboulent des sommets dans des culbutes assourdissantes. Tout bouge, tout crie. Pire qu'une autoroute ! La vie me dégringole dessus. La palme du vacarme revient au bourdonnement de ma garde rapprochée. D'ailleurs, savez-vous que la forêt possède les meilleurs hôpitaux du monde ? On vous y fait une prise de sang toutes les secondes. Et encore, je refuse dès que j'en ai l'occasion. Enfin, il faut dire qu'avec toutes les maladies qui traînent

dans le coin, on a bien raison de se méfier en employant ces infirmières volantes qui vous sucent jusqu'à la moelle.

Les lianes poussent sur les lianes. Dans cet enfer, l'égoïsme bat son plein. On se monte dessus, on s'étouffe. Chacun lutte pour la moindre goutte, le moindre rayon de soleil. Ici, il n'y a pas d'amis, tout au plus des compromis. La nature tresse son manteau, elle se protège des intrus, elle tisse ma prison. Difficile d'y pénétrer, mes pas sont lents, la place est chère en ce bas monde. Mes ressources en eau s'épuisent trop vite. Il m'en faut absolument, ma survie en dépend. Je ne parviens pas à trouver la liane ni le palmier qui pourrait étancher ma soif[5]. L'eau me manque cruellement, à moi comme à mon corps. Si seulement je pouvais espérer un bon bain… Je suis collant de sueur, qui retourne dans ma chair par des orifices percés par les fourmis, les insectes, les épines… On me saigne. Tous ces poisons[6] me donnent de la fièvre et des sueurs froides. Mon corps peine. La fatigue arrive vite. Il faut la traîner elle aussi, en plus de mon sac de dix-huit kilos.

Maudit climat : on étouffe la journée et on se couvre dès le crépuscule. Vivement le paradis !

Quelques poignées de riz viennent me réchauffer avant les fraîcheurs nocturnes. Mon feu a beaucoup de mal à s'étendre. Ce soir, la nuit est grasse, elle colle aux membres. Le bois toussote et je dois sans cesse surveiller ma lanterne. Je sursaute aux moindres craquements, bondis avec l'étincelle. Je jette sans arrêt des regards derrière mon dos. La bataille d'hier m'a laissé des séquelles. Ce sentiment d'être épié

5. On trouve de l'eau potable dans le cœur de certaines plantes.
6. Les fourmis possèdent de redoutables venins que l'organisme humain s'évertue à combattre, tout autant que les infections laissées par les profondes épines.

en permanence me traque. Mes nerfs vont finir par exploser.

J'ai dû renoncer à alimenter deux foyers trop gourmands en bois. Je préfère en avoir un plus gros et capable de vaincre la nuit noire. Mes sens montent la garde dans ces limbes glacés. Je ne ferme qu'un œil à la fois, j'ai le sommeil qui frissonne.

À l'aurore, je découvre que j'ai partagé ma couche avec une amie brune à huit pattes. Heureusement pour nous deux, elle est restée bien sagement en haut de ma moustiquaire. Elle est vite partie et n'a pas souhaité de plus amples explications sur mon comportement un peu dédaigneux ce matin.

Voir le soleil ressusciter est toujours un miracle, surtout au fond de cette grotte. Même si les heures d'éveil pèsent sur mes paupières, reprendre mon chemin est une bénédiction.

S'il y a bien une loi que l'on ne doit pas bafouer dans cette société, c'est l'absence de propriété. Tout est à tout le monde. Me voilà en territoire communiste et mère Nature entend bien me le faire admettre. Des quantités invraisemblables d'insectes envahissent mes affaires : sacs, nourriture, vêtements, chaussures... Il y en a de toutes les couleurs, de toutes les tailles. Des commerçants avides d'acheteurs aux catalogues variés. Ils m'offrent une large gamme de morsures aux prix renversants. Difficile de refuser... Dans cet univers de géants, les petits ont détrôné les grands.

Est-ce que les kilomètres existent dans ce désert ? J'avance avec une telle lenteur et je n'ai plus d'eau. Ces maudites entraves ont eu ma dernière goutte. J'ai lu et relu que pour boire en forêt il suffisait de couper des lianes. Je tiens à corriger cette ânerie sur-le-champ. Il en existe des dizaines et de toutes sortes. Cependant, une seule fournit de l'eau potable et je ne sais pas si je la rencontrerai un jour... J'ai croisé l'amer [7], une plante de la pharmacopée amérindienne, et les plantes épiphytes [8] des hauts

7. Les Amérindiens la nomment ainsi à cause de son goût.
8. On rencontre beaucoup de plantes qui poussent sur les arbres comme le *Philodendron melinonii,* un alpiniste confirmé.

sommets. Malheureusement, aucune n'étanche la soif. Pour me rafraîchir, je n'ai trouvé que le jeune cœur de palmier assez tendre et frais, avec quelques gouttes coincées dans un végétal similaire à la palme, que les autochtones utilisent pour leurs vanneries. Les troncs deviennent de plus en plus gros au fil de mes pas. Des zones dégagées apparaissent. Le cœur de la forêt est moins peuplé que les sous-bois qui le bordent. L'atmosphère y sera peut-être moins étouffante et je pourrai y reprendre mon souffle.

Je dois donc être l'animal le plus répugnant de cette taverne. Je suis sale certes, mais quand même pas au point d'attirer tous ces insectes ! J'ai l'impression d'être une déjection. Un nuage volant a élu domicile à proximité de ma tour de contrôle et ne cesse de me donner le tournis. Je me gratte sans arrêt. Je me transforme en un pantin articulé ne sachant faire autre chose que de lever continuellement les bras en l'air. Une quête de gobe-mouche qui n'aurait pas plus de succès que si j'essayais d'effrayer des monstres invisibles. Mes vains moulinets m'épuisent. Ma peau colle, porter une chemise m'est devenu insupportable. Je me traîne. Je retourne à la terre. Je pourris, comme les arbres qui jonchent et forment le sol. Est-ce pour cela que les oiseaux ne rentrent jamais dans ces fourneaux du diable ? Car même les fruits qu'ils laissent échapper par inadvertance sont abandonnés. Ils ne s'aventurent pas sous les cimes. Sur ce point, ils sont tout comme les Amérindiens, ce qui tombe au sol lui appartient, le lui reprendre est défendu.

Je cuis dans cette étuve. Plus je m'enfonce dans les profondeurs et plus j'ai chaud. Peut-être que j'arriverai jusqu'au Tartare une nuit ? J'ai soif, très soif…

C'est le déluge ! La mort est rentrée se terrer dans un coin, c'est la fin de ma soif. Enfin, je vais boire. Enfin, mes lèvres desséchées pourront se noyer dans le liquide des dieux. Ici, tout se gagne, même l'eau nécessaire à la vie. Je rassemble de grandes feuilles autour de ma petite marmite. J'ai bon espoir en ma récolte. De plus, j'espère récupérer un peu d'eau dans les niches de certaines plantes qui s'amusent à escalader les cieux. La pluie m'a débarrassé des moustiques, ce qui est une excellente nouvelle. J'en profite pour faire un brin de toilette. La température a chuté d'un seul coup. Je transpirais à grosses gouttes il y a quelques minutes et me voilà brusquement frigorifié.

Existe-t-il un endroit dans cette tombe où le mercure affiche une valeur convenable ?

Ma déception est grande, j'entends l'averse s'éloigner à tire-d'aile. Elle n'est restée que quelques minutes. Pourtant, un flot ne cesse de glisser le long des barreaux empoisonnés de mon cachot. Les arbres se sont douchés eux aussi. Leurs eaux usées dégoulinent maintenant des sommets. Une résine huileuse jute des troncs, ou encore pend tels des filets de bave. Toute la merde des hauteurs s'abat sur mes épaules. Ils ont tiré la chasse d'eau et je suis au beau milieu des canalisations. J'avance dans le purin, la boue s'agglutine sur moi. Je disparais de la surface de la Terre, je m'enfonce. Les acides me rongent, on me digère.

Ma récolte d'eau est minable, ma gourde est presque vide. Ce n'est pas ce soir que je pourrai m'hydrater et apaiser la paroi saharienne de ma gorge. Dommage, mais je ne peux m'attarder. Il me faut établir mon camp et allumer un feu. L'avantage de l'orage, c'est que le bois n'est trempé que sur son pourtour : faire prendre les flammes ne m'est pas difficile.

Ce soir, le danger tourne encore aux abords de mon campement. Il me faudrait grimper dans les arbres pour espérer trouver un brin de quiétude. L'évolution ne m'avantage pas dans ce passé lointain. Je me couche en réclamant de l'eau au geôlier de cet univers. Mais peut-être aurais-je dû me taire… L'onde est venue, seulement elle est arrivée bien plus vite que prévu ! Elle manque de tuer mon feu et de me noyer dans les ténèbres. Je me débats pour l'abriter et lui fournir toujours ce qu'il réclame : du bois facile à digérer, du bois lyophilisé. Chose qui n'est pas aisée à marchander par temps sombre et pluvieux. Heureusement, les averses successives ne firent que passer au-dessus de nos têtes. Une simple visite de courtoisie. Un avertissement pour me mettre l'eau à la bouche. Cette fois encore la chance me sourit et nos silhouettes ne cessèrent de danser aux pieds des *ada*[9], comme des étincelles sous la jupe de la mort.

J'ai oublié ma calculette, j'aurai pu compter les moustiques. Soif, fatigue.

Aujourd'hui encore, mes revendications ne changent pas. J'ai faim de liquide, mes pieds se posent sans envie, mes bras frappent pour frapper. Pourquoi je marche, déjà ? Les arbres

9. Arbre en arawak, l'unité ou le chiffre un se disant *aba*, on comprend déjà toute la spiritualité du mot.

se jouent de moi. J'ai l'air d'un minuscule David contre ces gratte-ciel, ces hippies à la chevelure et à la barbe d'airain. Des lianes énormes, trop énormes pour un p'tit bonhomme comme moi. Je m'embourbe dans cette toile, je fais du sur-place. Le coiffeur ne passe pas souvent par ici. Le soleil me traque, lui aussi s'amuse avec sa nouvelle victime. Je m'évapore, mes forces ruissellent le long de mon corps et s'en retournent à la terre. Cette diablesse me suce. Je fonds. Je doute. Je ne sais plus très bien. Où vais-je ? Où suis-je ? Suis-je seulement vivant ?…

Pourtant, ma longue agonie prit fin derrière ce mur végétal qui s'effondra à grands coups de jurons. Mes yeux se perdent dans les hauteurs. Il m'apparaît telle une révélation. Devant moi se tient le « père » des hommes dans la cosmogonie amérindienne, l'arbre sacré[10]. Transperçant la voûte de la canopée, il s'en va converser avec les nuages. La base de

10. Il s'agit d'un fromager, un grand arbre du genre *Ceiba,* aux racines spectaculaires. La dénomination de « fromager » recouvre en effet pluieurs familles d'arbres.

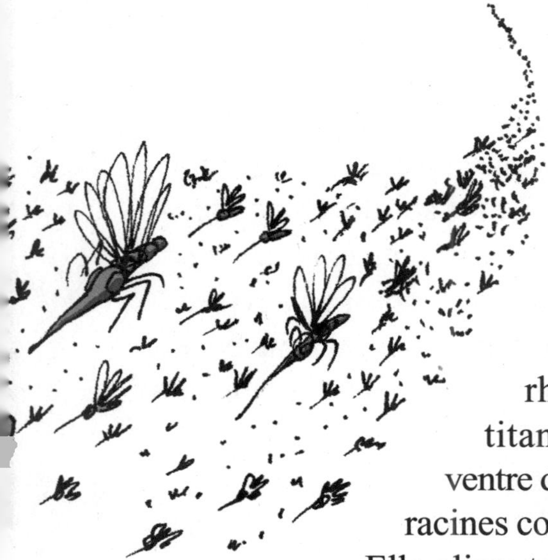

son tronc n'aurait même pas tenu dans ma chambre, et un immeuble de trois étages n'a plus qu'à aller se rhabiller devant ce titan sorti tout droit du ventre de Gaïa. À travers ses racines coule une eau limpide. Elle glisse telles des larmes vers le fleuve. L'eau, celle dont j'ai tant manqué, la source de mes rêves. Un rayon divin vient s'échouer sur un de ses contreforts ailés, comme une amarre dans cet océan d'émeraude. Un calme enchanté l'a encerclé. Tout semble s'être éteint. Les insectes ne crient plus, les arbres sont plus distants. On dirait que l'agitation s'est elle-même agenouillée devant ce dieu. La place ne manque pas et l'on peut s'avancer sans l'aide d'une machette. Le site est unique. Je retrouve un peu de cette sensation que l'on éprouve lorsqu'on entre pour la première fois dans une église. L'eau me redonne des couleurs. Je redescends sur cette terre. Décidément, je ne m'attendais pas du tout à cela. Un étrange sentiment de sécurité m'habite, quelque chose émane de ce lieu. Des forces insoupçonnées m'envahissent et mon cerveau se remet en marche. Une idée avait déjà fait son chemin. Si je veux survivre, il me faut devenir sédentaire. Je ne peux plus passer mon temps à courir après l'eau. La vie a toujours poussé à ses pieds dans cette région du monde. Je l'ai trouvée, et je compte bien la garder. Mon être s'anime de nouveau avec quelque chose que j'ai égaré en chemin : l'espoir.

2

UN LONG APPRENTISSAGE

Je prépare mon élévation sociale. Désormais, je passe du stade de mammifère terrien à celui d'arboricole. Je monte au ciel. Je mets un terme à mon itinérance. Je pose ma valise, plante mes racines et sème mon foyer. Des plans se bousculent déjà dans ma tête. Une envie folle me brûle, celle de créer. Si je veux continuer à vivre mon rêve, je dois bâtir un futur dans mon tombeau. Un trio d'arbres me servira de base pour mon envol ; leurs branches, d'attaches pour une plate-forme surélevée. J'ai quelques cordes que je divise dans un premier temps de manière à les rallonger et à atteindre ainsi plusieurs enjambées de ficelle. Celles-ci me servent à confectionner une échelle de deux mètres cinquante. Grâce à elle, je hisse la première poutre de mon nouveau terroir. J'ai élu domicile, plus rien ne me fait peur. Je ne me cache plus dans mon ombre en attendant la mort. Si elle me veut, elle n'a qu'à frapper à ma porte. « Je t'attends d'ores et déjà ! » Je veux que cet environnement l'admette, car à partir de maintenant ce domaine est à moi. Je fais partie intégrante du paysage, j'ai choisi mon rang. Maintenant, je vais refaire la décoration, et personne ne m'en empêchera.

Je consomme le reste de ma lumière journalière à séparer les fibres d'un petit palmier que je tresse par la suite. Mon entreprise avortera sans l'aide précieuse des liens. La nuit tombe vite, comme à son habitude. Mes investigations cessent, mon ventre gronde et je dois préparer la table pour mon ami le feu. Cependant, mon corps ne résiste pas à l'idée de se laver, et ce même avec le si peu d'eau que j'ai à ma disposition. Mon seul ustensile de toilette n'est autre qu'une timbale en plastique. Mon sac n'est pas la caverne d'Ali Baba, mais je me débrouille comme je peux. Surtout qu'en Amazonie on ne badine pas avec l'hygiène. Se laver est une tradition. Les Indiens la prennent très au sérieux et

ils se baignent plusieurs fois par jour. Pour ma part, moins adepte de la coutume, je n'ai pas d'autre possibilité de me débarrasser de mes parasites, en particulier des vers *macaques* [1] qui mangent sous la peau. Leurs mamans les pondent sur le ventre des moustiques et après l'éclosion ils pénètrent dans la chair de leur nouvel hôte grâce à l'orifice percé par la trompe de ces vampires. Beaucoup de chasseurs indigènes ont déjà croisé des animaux morts ou agonisant sous les dents de ces prédateurs. Certains racontent même la découverte de cadavres figés dans d'atroces souffrances, le cerveau dévoré par ces tueurs.
Mieux vaut être prudent avec ce genre d'individus, se laver est donc la mesure de survie dans la jungle.

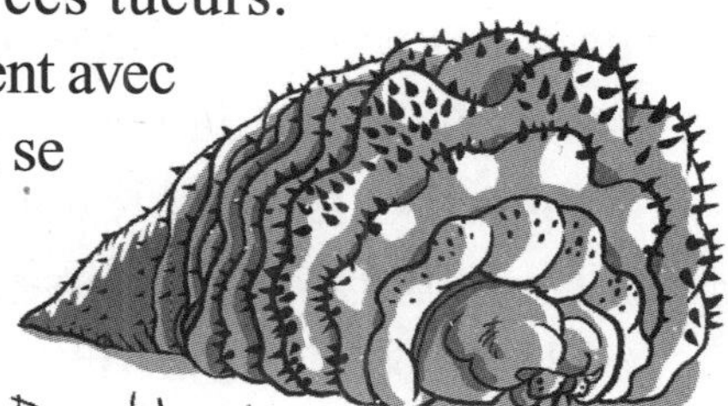

Dermatobia Hominis

Les ombres m'ont encerclé et tournent autour de leur proie. L'ennemi m'est revenu. Je me désaltère avec un liquide que je fais bouillir une vingtaine de minutes – parfois moins. Il reste trouble, avec un léger goût de vase. J'arrive cependant à le masquer grâce à quelques feuilles

1. Dénomination amérindienne ; il s'agit du ver *Dermatobia hominis.*

de thé. Au menu de ce soir : cœur de palmier, *couac*[2] et *cassaves*[3]. Les premiers explorateurs appelèrent ce dernier « le pain de la conquête », car ces galettes étaient la seule nourriture que les Indiens leur donnaient. En fait, c'était le plus souvent la seule qu'ils avaient à leur proposer. La racine de manioc est le pilier de l'alimentation amazonienne. Sans ce tubercule, la vie n'a pas lieu d'être ici. Elle ne pousse qu'avec le terreau de ce cimetière. En bref, c'est le dîner ordinaire pour chaque habitant de cette crypte végétale.

Mon logis me tracasse. Cependant, j'ai espoir en mes fibres d'écorce. Le temps est bizarre : les averses ne daignent pas me côtoyer plus longtemps. Le vent les pousse encore à fuir. Au moins, il y a de l'air au-dessus de cette boîte à cadavre. Cela fait longtemps que je n'ai pas senti sur mes membres. Ah, ce doux contact. J'aimerais tant m'élever par-dessus cette brume, revoir le soleil et jouer à cache-cache avec les vents. Mais non, pas la moindre petite brise dans

---

2. Grains de farine de manioc cuits sur la *dudali* (plaque de céramique chauffée par un foyer sous-jacent), au bon goût de céréale.
3. Les galettes de manioc sont le pain des sociétés amérindiennes. Les Arawaks les nomment *khali* ; il en existe de plusieurs sortes, comme les *beletho,* qui sont épaisses et molles, ou les *burhutho,* qui sont plus dures et richement décorées lors de la cuisson.

ce puits sans fond. Sinon des vapeurs qui sortent du sol en constante décomposition. Même Éole semble à l'étroit dans cette gigantesque Cocotte-Minute. La forêt absorbe tout ce qui y entre. Tout cuit, tout se transforme, fermente. Le changement anime ces lieux agonisants.

Je ne passe cette nuit que pour reprendre mes travaux et gagner un repos éphémère sur le dos des arbres centenaires. Je ronchonne déjà à l'idée de devoir m'étendre à un mètre du sol. Mes yeux s'offusquent du manque de pitié de leur maître. L'attente promet d'être longue. Enfin, je n'ai pas à me soucier des petits rampants. Ils sont silencieux comme leur ombre, seulement, c'est bien la seule à pouvoir m'atteindre du haut de mon hamac.

J'erre entre la réalité et les songes. Les bruits crépitent et s'agitent autour de mon feu. Des créatures effrayantes surgissent de l'obscurité. La peur a corrompu mes sens…

Toute la journée se ruine à la construction de mon petit cocon. C'est avec ferveur que je hisse mes poutres dans les hauteurs. Je passe d'aventurier à charpentier, puis de charpentier à religieux. Il paraît que l'habit ne fait pas le moine. Ça tombe bien, car j'avance pratiquement nu… J'érige ma maison à la manière des anciens explorateurs plantant leur drapeau sur l'un des toits du monde. Ces fanions sont comme des ancres hameçonnées sur les années qui passent. Ils traversent les époques, valsant au nom de leur propriétaire. J'édifie avant tout pour ma protection, mais la peur de sombrer dans les oubliettes du temps me motive d'autant plus : j'espère finir ma tombe avant ma mort. Et qui sait, peut-être qu'un Amérindien entamera quelque chant en souvenir des restes de mes efforts ?

Mes liens de fibre végétale sont trop longs à confectionner. J'ai délaissé mon ancienne méthode qui consistait à rassembler trois tresses en une autre. À présent, j'utilise les racines aériennes qui étranglent les arbres. Toutes ne sont pas bonnes, mais certaines, une fois rassemblées, forment de solides ligaments. Néanmoins, mes cordes sont trop épaisses pour que je puisse les nouer à l'aide de nœuds conventionnels. Je les attache donc en huit, puis fais passer la petite boucle dans sa grande sœur. Il me suffit alors de mettre une cheville en forme de cône pour serrer le tout. Pas de doute, cela tiendra *(voir cahier photo en pages centrales)*. Je laisse un instant mes projets de dieu créateur et réfléchis à une idée de piège pour attraper des lapins [4] ou autres rongeurs. La réalité finit toujours par revenir. J'ai en réserve : 1,7 kilo de riz, 250 grammes de couac, 5 ou 6 portions de cassaves et 850 grammes de sucre – que mon corps réclame sans arrêt. Je me rationne, mes vivres sont loin d'être éternels. Je préfère ne pas calculer combien de temps il me reste… Voilà que « garder des forces » devient mon leitmotiv, mes maîtres mots.

Je viens d'apprendre une nouvelle qui n'est pas des plus gaies : la gale semble m'être revenue. Je l'ai vaincue trois semaines auparavant *(voir préface)* et la voilà qui revient me hanter. Le mal a germé sur mes pieds et ses tiges remontent actuellement le long de mes jambes. Elles progressent sous ma peau. Mon armure se perce. Ma vie s'échappe. Je fuis. Je dois ébouillanter tout mon matériel pour espérer ralentir l'invasion. Mais comment faire avec une petite marmite d'un litre ? Y a-t-il un moment où je pourrai être tranquille ?…

4. La forêt regorge de petits mammifères de toutes sortes. Ainsi, on peut y croiser un capybara, *Hydrochaeris hydrochaeris,* le plus gros rongeur du monde, atteignant les 45 kilos, tout autant qu'un petit pika, cousin du lapin ne pesant que 170 grammes.

Enfin, je remets cela à un autre jour, car mes efforts ont fleuri. Le plancher n'est pas totalement terminé, mais ce soir mon corps surplombe déjà les premiers buissons. Je gravis les marches de cette forteresse. J'accède à un nouveau rang, une nouvelle vision s'offre à moi. À plus de trois mètres cinquante de haut, je pose un pied certain sur ma survie. Je gagne un étage. J'ai la capacité d'observer la menace du haut de ma tour de guet. Je sors la tête du gouffre. Mon regard se fixe sur l'horizon. J'ai un train d'avance sur mes assaillants. Et suspendu dans le noir, je flotte désormais dans la sécurité du vide. Toutefois, la confiance en mes cordes est loin d'être totale, un revers de médaille qu'il me faut accepter. Évoluer a un prix : c'est prendre le risque de tomber.

Juste avant les premiers rayons de lumière, un bruit éventre la nuit. Un animal charge droit sur moi. Mais pas de quoi m'affoler. Maintenant que je suis suspendu dans les airs, je ne crains que les gros serpents, les pumas, les jaguars, les mygales et... À sa diligence et aux puissantes détonations de ses pas, je parie sur un cerf ou une biche[5]. Seulement pourquoi tant

5. Eh oui, en Amazonie aussi on trouve des biches ! Il s'agit du genre [...]

de hâte ? Est-il traqué par des *chiens-bois*[6] ? Il bifurque subitement. Je n'y vois que mon feu et je n'entends pas d'éventuels poursuivants. De toute évidence, l'odeur des braises fumantes l'a détourné de son chemin. Mais qui pouvait bien le menacer ?

Je n'ai compris sa fièvre que quelques minutes plus tard, après que la foudre est venue me rendre visite. Un horrible battement de tambour a bientôt saisi la forêt telle une exécution du passé. Même le vrombissement d'un bulldozer passerait inaperçu au milieu de ce vacarme. Des litres et des litres d'eau défer-

[...] *Mazama gouazoupira.* Elles pèsent 25 kilos en moyenne et peuvent mesurer jusqu'à 140 centimètres. On peut même se retrouver nez à nez avec un cerf de Virginie.

6. *Speothos venaticus* : petit chien de 30 centimètres de haut et 60 de long qui chasse en meute.

laient. Un raz-de-marée m'avait pris en chasse. La plomberie avait lâché, les égouts n'en pouvaient plus. Les cieux débordaient. Il fallait vidanger et au plus vite ! Les bombes pleuvaient, giclant, explosant de tous côtés. Les gouttes mitraillaient les arbres dans un tumulte à faire fuir les morts. L'univers avait perdu sa pitié, c'était la guerre ! Le maigre toit de ma moustiquaire n'a pas fait le poids. Retranché sous des draps perméables, roulé en boulet de canon, j'attendais la trêve. Les secondes m'ont fouetté telles des heures. Puis, les frappes de l'éclair ont abandonné le champ de bataille. La noirceur est retombée. Dans un dernier trait la paix était signée. Le soleil pouvait sortir de sa cachette.

Ce matin, mon pot de couac est trop léger. Je me contente de cassaves au sucre pour mon petit déjeuner. La forêt pleure encore, ma réserve de bûches s'est noyée dans la lutte. Afin de ne pas travailler inutilement, je battis un abri sommaire pour le bois. Je le remplis au plus vite, avec les rares morceaux ayant résisté aux averses nocturnes. La prudence m'accompagne, car avec la pluie sortent bien souvent les serpents. C'est ce que tout élève amérindien apprend. Mais ma tête est ailleurs ce matin.

Le danger fructifie d'heure en heure. La gale pullule, je ne peux plus en douter. Les fruits poussent sur moi comme à l'arrière-saison. Je m'affaisse déjà sous le poids de ces parasites. Je ne suis plus qu'une flopée de lisier tout juste bon à ensemencer. J'en profite pour corriger mes précédents écrits : ici les petits ne se contentent pas de détrôner les rois, ils les bouffent ! Dans quelques jours je serai couvert de boutons et je croulerai sous le pu. Une perspective joyeuse, vous ne trouvez pas ? Non, rassurez-vous, j'ai plus d'un tour dans mon sac. Et j'ai surtout les deux cigarettes du piroguier. Autant vous le dire tout de suite, je ne fume pas. Mais je sais en revanche que la nicotine est un puissant poison, capable de déloger dans des cas extrêmes les parasites sous-cutanés (halte aux intrépides lecteurs ! ceci n'est à utiliser qu'en dernier recours...). Je ne m'attarde pas et mets la moitié du tabac à macérer dans de l'eau tiède jusqu'au soir. Si cela marche, il me faudra encore ébouillanter tout mon matériel pour éliminer cette saleté. Pour ce faire, j'ai besoin d'un récipient bien plus grand que ma petite marmite. Ce genre d'ustensile ne poussant pas sur les arbres, je n'ai pas d'autre choix que de le confectionner. J'ai quelques notions en poterie. Elles me sont extrêmement précieuses.

On trouve de l'argile presque partout dans le monde. Il suffit bien souvent de creuser. Cependant, j'ai une chance inouïe, car des mammifères vont me faciliter la tâche. En effet, j'ai découvert un réseau de terriers. En les modelant, leurs propriétaires ont évacué l'argile devant leurs entrées. Je n'ai plus qu'à me servir. Après une brève vérification sur le pourcentage relatif d'argile – pour savoir si une terre est bonne pour la poterie, faites une petite boule que vous comprimez entre vos doigts puis laissez-la tomber d'un mètre cinquante ; si elle se brise, c'est que la teneur en argile est trop faible, sinon tâchez d'en faire une belle faïence –, je la débarrasse de toutes les impuretés qui la feraient éclater à la cuisson (racines, cailloux, débris de végétaux…). Ma terre n'est pas totalement homogène. Cela s'explique, car elle provient de diverses profondeurs. Je la fais donc sécher auprès des braises de manière à la réduire en poudre. Ainsi, je pourrai l'égaliser. Cette étape est primordiale, car la terre se rétracte à la cuisson et chacune possède un retrait différent. Comprenez que si un endroit de ma céramique se retire plus qu'un autre, il risque de se produire des fissures, voire pire… Désormais, j'humidifie et façonne la future poterie sur un damier de petits branchages assemblés par des lianes. Je peux alors la transporter sans risque et il brûlera à la cuisson. Concernant son élaboration, ma technique est ancestrale : je confectionne un disque qui servira de fond, puis je monte en faisant des boudins. Il ne me reste plus qu'à laisser sécher lentement ma sculpture. L'entreprise aura été délicate et longue. Mais la première des vertus amérindiennes n'est autre que la patience.

Je reprends ma construction : abattage, découpe, recherche de lianes… Les heures se carapatent et le soleil entame déjà sa dernière ligne droite de la journée. Mes habits sont de la couleur des troncs. Des ampoules éclairent mes mains de douleurs et le manche de ma machette se tache de sang. Voilà longtemps que je rêve de m'immerger. Ma peau s'évanouirait presque sous la noirceur qui m'habille. J'estime le fleuve à deux heures de marche rapide. Le chemin du retour est en général plus court. De plus, j'ai repéré des papayers sur ma route. L'idée de manger quelques fruits est assez alléchante, et j'en ai également besoin comme appât pour un piège que mon cerveau élabore depuis plusieurs jours. Je prépare un petit baluchon composé de tous mes habits : deux chemises à manches longues, deux pantalons, deux sous-vêtements. Me voilà de nouveau reparti.

Ma leçon d'aujourd'hui : celui qui sait aller ne sait pas forcément revenir. Et cela, je ne suis pas près de l'oublier. Je me suis perdu, puis reperdu, et ainsi de suite, jusqu'à ne plus savoir où j'en étais. La nature m'a enfermé. J'avais fait des encoches sur les troncs d'arbres afin d'éviter que cela n'arrive. Une astuce trop connue à mon goût… Les marques sont faites dans le sens de l'aller. Par conséquent, elles sont indécelables au retour. Je n'avais pas pensé que des Indigènes avaient pu laisser, eux aussi, les traces de leur passage. Je me retrouve dans un labyrinthe de sentiers fléchés. Lequel est le mien ? Cette question ne trouvera jamais sa réponse. Pour finir, j'ai suivi un petit ruisseau en me disant qu'il ne pouvait se jeter autre part que dans le fleuve. Une autre combine amérindienne très utile dans ce genre de situation. En revoyant le soleil, je calcule qu'il lui reste au moins deux heures avant son congé quotidien. C'est peu, je n'ai pas de lampe, et je ne sais pas si je serai capable de retrouver le layon une seconde fois. Cependant, ma plus grande déception est d'apercevoir les rives du fleuve couvertes de hautes herbes. Celles dont les Amérindiens m'avaient dit de me méfier... On raconte que l'anaconda ne s'attaque à l'homme que s'il a de l'eau jusqu'aux genoux. Je respecte cette limite, ce qui ne m'empêche pas de me laver. Tant pis pour le bain, au moins j'ai eu la douche. Et quel bonheur c'est, même si l'eau est trouble à cause de la vase. À la surface, des petits poissons carnivores attendent leur repas, mais je me suis baigné des dizaines de fois en leur compagnie. Je sais qu'ils sont inoffensifs. Les piranhas ne mordent que lorsqu'ils se retrouvent piégés dans des trous d'eau à la saison sèche et que la faim les tenaille. Cependant, ils sont utiles pour se débarrasser des peaux mortes, souvenirs d'anciens coups de soleil.

Je fais ma lessive qui n'aura pas le temps de sécher. En compensation, je me dis qu'au moins je n'ai pas fait tout ce chemin pour rien. Me voilà nu comme un ver, à gambader sur les feuilles. J'arrache quelques lianes à la chevelure des arbres – pour la construction de mon arche – et emporte quatre papayes de différentes

Je suis mort en Amazonie

Je suis seul, dos au mur. Devant moi le fleuve rugit, emportant le seul être humain à des kilomètres à la ronde.

J'avance sur le sentier de mes ambitions et derrière moi la porte de mon rêve se referme.

Je n'ai pas d'échappatoire possible, il me faut avancer.

Les arbres sont de plus en plus gros au fil de mes pas.

La nature tresse son manteau, elle tisse ma prison.

Il suffit de lever la tête pour fuir dans la beauté des lieux.

ICI TOUT A DES DENTS

Dans cet univers de géants, les petits détrônent les rois.

La jungle c'est l'amour à l'état pur : des branches couvent les œufs.

Les lézards sont les êtres les plus bruyants de cet antre.

Telle la tour Eiffel, l'arbre s'en va converser avec les nuages.

Le sol n'est qu'un entassement de cadavres en décomposition.

maturités. Ainsi, elles auront le temps de mûrir au camp. Mais encore faut-il que je le retrouve ! Je n'ai pas de boussole et le soleil se blottit déjà derrière les premières cimes. Je repars sur un rythme effréné. J'avance, recule. Le cauchemar recommence. La panique est la première cause de malheur dans un cas comme celui-ci. Sur le papier, c'est plutôt banal. Mais en réalité, sur le terrain, quand elle vous envahit et vous prend de l'intérieur, cela est tout autre… Je suis arrivé par le ruisseau, je reviendrai donc par lui ! Seulement, maintenant je ne sais plus où il se trouve. Et puis tout se ressemble ici ! Après un moment je finis par apercevoir un maigre filet d'eau. Il est possible qu'il s'agisse de celui qui passe au pied de mon campement. C'est ma dernière chance. Plus loin l'horreur continue : le canal se ramifie en plein de petits cours d'eau. Pourtant, d'après la direction qu'ils prennent et leur débit, il semblerait qu'il ne me reste plus que deux solutions possibles. Le décompte qui sévit dans le ciel ne me laissera pas le temps d'étudier les deux. Un choix s'impose : le bon.

3

APRÈS LA PLUIE VIENT LA PLUIE

Pour un Amérindien, la chance est une qualité. On est chanceux toute sa vie, ou on ne l'est pas du tout. Cet enseignement me fut délivré lors d'une partie de pêche alors que je me plaignais vivement des crevettes d'eau douce qui n'arrêtaient pas de me pincer les pieds. Pour les autres, c'était incontestable. Ce signe m'attribuait cette grâce. On ne m'en dit pas plus, c'était comme cela. En revanche, pour la pêche je ne vous le recommande pas. À moins d'avoir de bonnes chaussures… Mais passons, chance ou pas, je finis par retrouver mon fromager. J'avoue que tout ce remue-ménage me semble bien loin maintenant.

N'empêche que je ne sais pas comment j'aurais pu passer la nuit tout nu, sans rien, et perdu au milieu de nulle part. Néanmoins, je ne peux pas m'attarder. J'ai regagné mon domicile, mais la gale prolifère toujours. Elle ne m'attendra pas. Je répands sur mon corps la lotion de tabac qui macère depuis ce matin. Je me masse abondamment afin que le poison pénètre mon épiderme. J'espère que cela marchera.

Je décompresse en me délectant d'une papaye. Je la prépare avec minutie, comme me l'ont montré les habitants de la forêt. C'est tout un cérémonial. D'abord se laver les mains. Ensuite, l'éplucher soigneusement, et surtout efficacement – comme si la peau était toxique. C'est seulement après toute cette parade pompeuse que vous avez le droit de croquer dans votre fruit à l'aspect d'un gros melon. Mais attention, ce n'est pas tout ! Il faut encore prendre garde de ne pas trop en consommer, sinon vous risquez l'overdose. Et le pire, c'est qu'il faut surveiller le soleil, car à certains moments de la journée sucer des fruits est interdit dans le sanctuaire des dieux. En effet, les autochtones disent qu'il est défendu, car dangereux, de marcher dans la forêt à 15 ou 18 heures. Qu'il est également tabou de manger des papayes à ces horaires, et surtout d'ingérer des fruits de *maripa*[1] à 18 heures ! Sinon, le fautif sera immédiatement transformé en un animal de la jungle. Quant à l'excès de fruits, il est considéré comme dérangeant pour les divinités qui peuplent les bois.

L'homme est un animal maniéré à l'extrême, chacun a ses coutumes. Les siècles coulent, et finalement il arrive un moment où plus personne ne sait exactement pourquoi l'on procède ainsi. C'est ce qui arriva pour la papaye *(lire le deuxième conte, p. 163)*.

Je réfléchis à la manière de réaliser un piège pour le petit gibier. Il ne manque pas dans ce trou. Un peu de viande me ferait le plus grand bien. Je récupère toutes les épluchures de mes fruits, en plus de quelques morceaux de chair savoureuse, et les place assez loin du campement. Cela intéressera sûrement quelqu'un. Cependant, comme je ne connais pas très bien tous mes voisins, je préfère savoir à qui je m'attaque. C'est pour cela que j'entrepose le tout sur une butte de terre entourée par la boue. Ainsi, en échange d'un repas, l'animal me

1. C'est le fruit du palmier *Maximiliana maripa.*

donnera ses empreintes, qui me renseigneront sur sa nature, donc sur la manière de le capturer.

Je n'ai pas mangé grand-chose ce soir : une papaye et une cassave. J'ai l'impression qu'on rôde en bas... Du haut de mon balcon, j'inspecte une seconde fois mon semblant d'abri. Cela prend forme, un grain de satisfaction grandit en moi. Je suis rassuré. Demain, un palmier achèvera le parquet. Il me restera à construire le toit, que je compte réaliser en palme. J'ai hâte de me retrouver chez moi en toute quiétude. Je bâtis pour la nécessité que j'ai de survivre. Mes lointains ancêtres sont descendus des arbres. Moi, j'y remonte à grandes enjambées. Évolution ou pas, sous la canopée le progrès tient du suicide.

Cependant, suis-je encore le maître de mon être, ou est-ce mon instinct qui tire les ficelles et me contrôle comme une marionnette ? Est-ce l'animal que j'abrite en mon corps qui veut prolonger sa durée d'existence, ou est-ce encore ma tête ?

Car l'homme est un radeau difficile à manœuvrer seul, surtout quand tout l'équipage a pris la fuite devant le danger.

J'ai commencé un cercle de cendre autour des troncs qui soutiennent ma citadelle. L'odeur éloignera plus d'une menace, et l'avantage de ce procédé, c'est que je peux contrôler si quelques rampants s'introduisent par la voie terrestre sur mon minuscule territoire. En effet, s'ils rampent sur mes murailles de cendre, ils vont l'éparpiller. De plus, la cendre mouillée, ça colle. Cela fait donc deux bonnes raisons de ne pas s'aventurer sur mon territoire. C'est fou comme l'homme s'attache à ce qu'il conquiert par la force. La propriété est une devise bien humaine.

Les iguanes ne sont pas rares. Ils s'étendent au centre des petites taches de lumière qui gouttent du toit de la forêt. Ceux que j'ai vus étaient trop jeunes. Dommage, car ils sont succulents. Ces lézards sont les animaux les plus bruyants de cet antre. Leurs pattes ne leur servent à rien, sinon à rebondir en virevoltes sonores sur les feuilles mortes.

Toutes mes affaires sont trempées, et en plus infestées de gale. Je suis obligé de dormir tout nu. Déjà que les nuits sont froides, celle-ci promet d'être glacée…

Ma poterie ne sèche pas avec ce temps, ce n'est pas demain que je pourrai ébouillanter tout mon équipement. Perché, je ne redoute pas grand-chose dans ce jardin, sinon l'éternel vice et son incarnation : le boa arboricole. Ma seule solution est de barricader mes pilotis avec des guirlandes d'épines. Cela devrait éviter que ce serpent carnivore ne monte me rejoindre. Cependant, il est rare qu'il s'en prenne aux humains. Le feu est mon meilleur allié contre les ombres de ces bois, le seul à vrai dire. Son grand défaut est d'être un vrai goinfre. S'il pouvait avaler la forêt amazonienne, il ne se gênerait pas !

Il est tard, j'aimerais m'éteindre et trouver le repos. Mais mon cerveau ne semble pas du même avis. Je le laisse se perdre dans ses idées. C'est la pleine lune aujourd'hui, encore une longue journée qui s'achève.

Tout nu c'est bien, jusqu'à ce que les moustiques l'apprennent ! Mes fesses sont couvertes de bosses. Elles jouent à celle qui gonflera le plus…

La fraîcheur de la nuit laisse enfin place à la douceur du jour. Elle fut longue : le froid m'a tenu compagnie jusqu'à l'aurore. Ne pouvant dormir, j'ai démêlé les lianes qui poussaient sur ma tête. Mes cheveux étaient recouverts de branchages, un oiseau aurait pu

y faire son nid. La forêt me pousse dessus. Et si elle continue, je vais devoir la porter à la manière de Tantale... Aujourd'hui, ma place stratégique me donne du temps pour me soucier un peu de moi-même.

Mon état second ce petit matin se passe de commentaire. Pourtant, le jour ne fait qu'entamer son match contre les dents de l'obscurité. La journée n'ira pas en s'arrangeant... Alors que je monte mon petit déjeuner habituel – composé de couac et de sucre –, un barreau de mon échelle cède et voilà mon repas qui s'en va rejoindre *bouschima*[2]. Je suis furax. Je m'impose un rationnement rigoureux, je n'ai pas le droit à de la perte. D'ailleurs, je suis contraint de mettre de moins en moins de couac et de plus en plus de sucre. Mes économies de nourriture ont déjà perdu plus de la moitié de leur épargne. J'ai trop spéculé sur mes stocks, il va falloir que je trouve d'autres sources d'approvisionnement. Sinon mes chances de survie vont dégringoler comme la bourse.

Ma poterie ne sèche toujours pas. J'ai sous-estimé le taux d'humidité de la forêt tropicale. Je suis obligé de l'entreposer dans un des rares

2. L'esprit de la terre, « mère Nature » pour les Indiens arawaks.

endroits où le soleil parvient à étirer ses bras jusqu'au sol. Puis, il me faut repartir au travail. Pas de congés ici ! Les trente-cinq heures ne tiennent même pas en deux jours, d'ailleurs le temps est totalement différent. En Amazonie, les aiguilles des montres affichent les années. Les arbres comptent en siècle. L'humain n'est qu'un grain de sable, je ne suis qu'une seconde.

Je suis lent. Mes pieds butent sur tous les obstacles. Je me prends dans toutes les lianes, toutes les pierres, les épines… À chaque fois que je retourne au campement, je dois trouver la force de repartir. Je ne commence l'armature de mon toit qu'en début d'après-midi. Je lutte pour ne pas sombrer dans les délires de mon cerveau provoqués par une forte fièvre. Je ne désire plus rien. J'ai déjà plusieurs infections qui ne font qu'empirer. La gale court, mon toit régresse. Lutter contre soi-même est un exercice périlleux. J'en garde encore des cicatrices au plus profond de mon être. Le corps récupère, mais le mental se rappelle. Chaque pas tient du miracle. Je suis pris d'hallucinations, de vertiges. Le sol m'attire inexorablement. Ce monde ne tourne pas rond. Mâcher me paraît inhumain. Le moindre mouvement me tord l'âme.

Au loin, le grondement d'un ennemi familier se rapproche. Le déluge est monté sur ses grands chevaux, la réalité me rattrape au galop. Quelle bonne idée, ce toit ! Il n'est pas bien grand pour l'instant, mais il me protégera. J'étends sous celui-ci mes affaires qui commencent à sécher et attends naïvement l'impact. La pluie s'abat avec force sur ma petite maison de palme. La malheureuse ne résiste pas longtemps. Je me démène pour mettre le plus de matériel possible à l'abri. Seulement, il est déjà trop tard. Un océan me serait tombé sur la tête que je n'en serais pas plus trempé. Je découvre de suite que la bâche intégrée à mon hamac n'est pas étanche quand elle est en contact avec autre chose. Il fait déjà nuit. Je m'allonge sur mon sol de rondins inconfortable, sous une bâche de plastique perméable et les gouttières centrales de mon toit. J'ai mal au ventre, des nausées s'ensuivent, mais je n'ai pas assez mangé de toute façon. J'ai sûrement encore de la fièvre. J'en ai marre de combattre. Je tremble sous mes couvertures d'eau, et pas que de froid. Le malheur ruisselle sur mes membres. Je suis un trophée facile, blotti, frigorifié, privé de mon odorat et de mon ouïe. Je n'ai pas pu sauver mon feu…

La pluie ne s'est tue qu'au petit matin. Repus, les bois retrouvent leur calme. Ils se rendorment. Je n'ai pas cette chance, mais je reste allongé encore quelques instants. La fatigue s'est assise sur moi. Le poids de son scrupule m'écrase et m'interdit tout mouvement. Mon courage semble trop loin aujourd'hui. Peut-être a-t-il succombé à la nuit stérile ? Si seulement c'était possible. Si on pouvait rêver, s'évader de ces sombres rivages où même l'esprit semble enchaîné. Les songes ne savent pas nager, ils ne se risquent pas souvent sous l'écume tropicale. Mon regard se perd dans l'immensité verdoyante. Je me suis familiarisé à cet enfer. Pourtant, il est tout autre ce matin. Le sol s'est mu en boue, le filet d'eau en rivière. La forêt, pour mieux se jouer de moi, s'est déguisée en un gigantesque marécage. Je suis seul, comme le dernier survivant du radeau de la Méduse, perdu dans les profondeurs d'un océan stagnant. J'entends encore dans le lointain la pluie maltraiter les arbres tel le remous incessant des vagues. Ma peau est gorgée d'eau, flétrie. C'est dans un supplice que je parviens à m'asseoir. Je contemple les ravages de l'onde, bêtement, impuissant. Mes jambes pendent dans le vide. Mes yeux réclament le sommeil nécessaire pour rester éveillé, mon corps des soins pour espérer avancer. Mon âme, quant à elle, ne croit plus en rien. Elle ne souhaite que le repos, le repos éternel. Je me décompose, plonge dans le désespoir. Je me raccroche à la seule chose encore en vie en moi, la seule inaltérable.

Devant ce qu'il reste de l'aventurier, il y a cette corde. Elle tombe, comme une évidence. Elle semble m'être destinée. Elle pend calmement. La mort m'appelle en me tendant les bras. Pourquoi se faire du mal ? Le sommeil est si doux. Vivre est trop dur. Je n'en veux plus, j'erre dans un délire qui n'est pas le mien. Ma main se lève lentement, se pose sur les fibres. Je m'enlace délicatement autour d'elles, je les caresse. Étrange sensation que d'effleurer la mort du bout des doigts. Pourtant qu'elle est belle ! Une joie intérieure m'emporte auprès du gibet. Ce collier libérateur m'envoûte. Mourir est si simple ! Je vois déjà le temps de mon dernier voyage. Je vois déjà le collet se resserrer !

Mes paupières clignent et dans un dernier battement de cils je m'élève. Je m'évade de ces catacombes. Ça y est, je suis mort !...

Mais alors que je ne demande plus rien, alors que j'ai mis les voiles vers la fin, mes doigts embrassent cet ancrage de la vie. Et, dans une ultime étreinte, je l'utilise comme un levier pour me redresser. Je n'abandonnerai pas si facilement, j'ai fait une promesse. Même au nom de la folie, j'ai le devoir de continuer ! Premièrement se ressaisir. Deuxièmement quérir des forces, cassave, sucre, couac, festin de roi, au diable les restrictions, du sucre, et vite !

Les chaînes se sont brisées. L'humain s'est bien envolé. La créature que je regarde se goinfrer dans mon corps n'a plus rien d'humain. J'ai engendré un monstre ! Mon appétit est sans limite. Toutes mes provisions vont y passer, plus rien ne peut me retenir. Je déchiquette paquets, plastiques, à grands coups de griffes et de dents. J'engloutis tout ce que je trouve. Je vais exploser, et la forêt avec !

Quand j'ai terminé, ce que j'appelais un camp n'en a plus que le nom. Assis au milieu de ma démence, mes forces augmentent de seconde en seconde. Je bouillonne de survie. Le moral revient. Je suis de retour, les pieds dans la vase, avec la ferme intention de finir mon entreprise. Je ne « lèverai » pas si facilement les bras au ciel. Cela m'a servi de leçon, je dois être prêt la prochaine fois.

La Faim

Les étoiles galopaient déjà dans le ciel,
leurs hennissements couvrant la chute d'Hélios.
Ce soir même Hypnos, le puissant dieu du sommeil,
se terrait sous les foudres du maître Chronos.

Les textes s'étaient encore trompés, et de loin.

L'apocalypse était à nos pieds, c'était la fin.

La terre n'était plus qu'un long dragon de sang.
La pourriture des corps pleurait des nuages.
L'odeur du malheur envahissait de rage
tous les cœurs frits dans l'huile suintante des enfants.

La vendange pour les dieux était arrivée,
Les rouages du pressoir étaient en marche.
Le bruit de leur appétit était démesuré.
L'homme en bouteille, voilà ce que l'avenir nous cache.

Et c'est là que les miracles commencèrent,
tel un refrain sorti des tombes de l'enfer.

Toutes gouttes d'eau s'étaient transformées en vin,
on courait maintenant sur des cadavres flottants,
les monts s'enfuyaient devant le flot carmin,
et les membres se rompaient comme le pain d'antan.

Le jour de la cène et du dernier repas,
le monde n'était plus qu'une gigantesque croix.
Car nos ancêtres avaient fait le choix léger
d'attendre demain pour racheter leurs péchés.

Jésus-Christ était mort en vain pour ses agneaux.
Sa leçon resta muette aux oreilles des sots.
En enfer, il ne trouva jamais le repos,
à force de se retourner dans son tombeau,

La faim des dieux entraîna la fin des hommes.
Les cieux se goinfrèrent et léchèrent les vents.
Puis des sanglots tombèrent comme les fruits de l'automne.
Car les dieux ne valaient pas mieux que leurs enfants.

Les textes s'étaient encore trompés, et de loin.
La mort est à nos pieds, pire sera notre fin.

4

UN GAULOIS RÉSISTANT ENCORE ET TOUJOURS À L'ENVAHISSEUR

J'affronte mes rêves de face, et pour l'instant je tiens tête. Mais la Faucheuse est patiente, mes forces s'effondrent dans cette lutte inégale. Mon régime alimentaire m'a trahi, ma nourriture tourne de l'œil. La gale me contamine encore. Le jus de tabac ne fait que ralentir ma chute. Ces usurpateurs atteignent déjà le haut de mes cuisses. Ces requins ont déjà conquis la moitié de ma carcasse. Ils infestent mes cales et bientôt ils prendront le contrôle de mon navire. Je ne sais plus comment faire. Les démangeaisons, de toute façon, passent inaperçues, noyées dans la déferlante de piqûres de moustiques. Mon corps ne sait plus qui combattre, mes canons ne savent plus sur qui tirer. Mon bâtiment est encore trop fébrile dans cet univers machiavélique. Je ne sais même pas si mon toit de palme pourra me protéger un jour. Bref, je ne sais plus…

Pendant que je me décarcasse pour finir la toiture de ma hutte, mes pensées font des montagnes russes dans ma tête. Les voilà qui se réveillent ! Elles cognent, me martèlent de l'intérieur. Elles beuglent, vomissent, roulent en tout sens dans un rodéo endiablé. Elles s'insurgent, elles m'éjectent ! Il n'y a plus de capitaine, c'est la révolution, l'anarchie à bord, la roulette russe, la loterie ! Elles vont me tuer, je vais me tuer. Je deviens fou, une tempête sévit dans mon crâne. Mon cerveau pleure, il a peur de mourir. Il ne me fait plus confiance. Il est devenu hypocrite, il veut sortir de sa cage, il veut exploser, il va exploser ! Il a la rage au ventre. Il harangue ses troupes, la mutinerie gronde dans mes veines. Il va le réussir, son coup d'État ! Il est à deux doigts de prendre ma vie. Mais je ne le laisserai pas faire ! Je vais l'étriper, ce traître ! Je vais le décapiter… Je vais le tuer… Je vais me tuer…

Deux longues heures à ruminer des idées noires, à essayer de tempérer. Deux longues heures de vote, de campagne électorale. Deux longues heures de baratin pour que le calme revienne, pour que l'humain que je connaissais obtempère de nouveau à mes ordres. Deux heures mortelles, perdues, ensevelies, oubliées...
Cependant, le ticket gagnant est sorti. J'ai pris la décision de partir pêcher quelques protéines bénies dans les eaux du fleuve. J'en profiterai également pour étendre mon linge sur les berges, celles où le soleil aime se mirer. Je reviens tout naturellement vers la lumière, le lieu de ma sépulture, là où j'ai vu pour la dernière fois un être humain.

Depuis que mes affaires sont propres et mouillées, je ne me promène qu'en caleçon. Je m'habitue à ce mode vestimentaire. Ma peau se forge sous les coups de mes supérieurs et mes pieds ne tremblent plus devant la direction à choisir. Le chemin, les lieux et leurs écueils s'inscrivent en moi, comme dans un recueil. Et à quel prix ! Je me jure de prendre mon arc la prochaine fois, car je croise ce qui peut s'apparenter à une perdrix et deux tourterelles. La panique les saisit brusquement devant les grognements de mon ventre. Elles ont réveillé un fauve qui dormait sous mon nombril ! Il est affamé, et du fond de sa grotte il hurle à s'en faire péter les cordes vocales. Il n'en peut plus. Il va réussir à sortir si cela continue ! C'est la débandade aujourd'hui, tout m'abandonne ! Il me lacère déjà l'estomac, ses griffes s'aiguisent sur mes côtes. Il m'étripe ! Il parcourt mes intestins à la recherche de la moindre miette de nourriture. S'il n'en trouve pas, il va me dévorer de l'intérieur, c'est certain ! Mon corps ne cesse de pousser des cris d'alarme. Il appelle à l'aide. Tous mes voyants sont au rouge, mes piles sont vides. Une minuterie s'est déclenchée dans mes entrailles. Je dois absolument m'alimenter !

La faim aux trousses, je cours à une allure inhumaine. Je ne m'occupe plus de mon cap, l'instinct me guide. Mes canines battent le tempo et je rebondis sans peur sur le sol traître. Par hâte, j'éparpille ma lessive au pied de mes papayers, jugeant l'ensoleillement respectable – pour l'Amazonie. Je surprends bientôt le fleuve et y jette sans plus attendre mes mains de nylon crochues. Les pièges étaient désormais tendus. La bête vorace dut apprendre à patienter.

L'eau est le dieu de l'Amazonie. Elle façonne les saisons. Elle dicte la cadence. Sa venue fait aussi mal que son absence. Les années se remplissent d'alternances de sècheresses et de pluies diluviennes. Entre les deux, la boue vient cimenter le tout. Avant, les Indiens étaient comme leur père [1] : nomades et majestueux. Ils serpentaient à travers l'« *ô* » [2], leur mère : la terre. Ils suivaient le fleuve qui les a toujours nourris. L'eau était de leur couleur : rouge, car maintenant ils blanchissent, au fur et à mesure qu'ils ingurgitent notre liquide chloré. Même le temps semble si calme ici qu'il paraît perler du ciel.

Trois heures après mon départ seulement, je suis de retour dans ma tour d'ivoire. J'apporte un piranha, trois poissons-chats, et les entailles aux mains qui vont avec. Le fleuve a toujours été un garde-manger inépuisable pour le brave pêcheur. Me voilà avec un bon souper : un sursis de plus, ou de moins...

Sur ma course, une papaye a fait taire le monstre qui sortait de mon nombril. Je suis passé devant ma poterie. Elle n'a pas eu la chance de survivre à la nuit. Je récupère ce qu'il en reste, et promets de la restaurer quand j'aurai un peu plus de temps.

1. Dans les croyances amérindiennes, l'eau engendra les humains.
2. Terme amérindien entendu lors de mon voyage, mais je n'ai pu identifier clairement de quel dialecte il provenait.

Je suis l'esclave d'un seigneur odieux, qui en échange de sa protection me fait battre les alentours à la recherche d'un mets rare en ces temps pluvieux : le bois sec. Il en raffole tellement que je suis obligé de courir de plus en plus loin. Et comme je veux gagner du temps, je me dis toujours que je peux ramener un

rondin de plus, puis un autre, et ainsi de suite… Si bien que je prends les airs d'un pingouin en revenant les bras surchargés, m'accrochant dans les lianes, titubant et semant ma route comme le Petit Poucet. En revanche ma remise pour l'entassement du combustible est plus efficace. Les bûches sont entreposées en quinconce, pour éviter que le ruissellement des eaux ne les atteigne. Les petites pour l'allumage devant, les grosses derrière. Je brûle les arbres morts pour gagner ma sauvegarde. La chaleur de leurs peaux rôties me sert de couvertures. En clair, ma retraite est un four crématoire.

J'ai presque fini le toit de ma cabane. Cependant mes cordes végétales ont tendance à s'abîmer plus vite que prévu. Je dois revoir mes points d'ancrage et consolider mes attaches. Je remplis mes gourdes de thé potable. Mon carbet [3] est tellement luxueux que plein d'insectes s'y invitent. Je les reçois à grands coups de fumée. L'intimité a bien du mal à trouver sa place entre les lignes du livre de la jungle.

J'ai préparé mon repas comme un chef, j'en bave d'avance. Ce soir, on peut lire sur le menu : *« brochettes de poisson boucanées* [4], *finement frottées au sel, servies sur une assiette de feuilles de palme ».*

---

3. Terme amérindien pour désigner le lieu de vie. Il comporte le plus souvent un toit de palme et des murs de bois.

4. Les Indiens utilisent le terme de *dibaledin*, du poisson séché de longues heures sur des braises fumantes lui conférant ainsi un goût très particulier. Bon, il est vrai que je n'ai pas attendu tout ce temps, mais ma patience tient quand même du miracle.

J'enterre au loin et avec précaution tous mes déchets. Car je ne veux pas qu'ils convient toute la faune au banquet. Je vais me mettre à table quand je repense soudainement à mon linge. Il m'est complètement sorti de la tête. Il est toujours étendu au pied de mes papayers. Mes papilles gustatives devront patienter encore un peu. Je ne tarde pas, car la lumière m'est minutieusement comptée. Pas une seconde de plus ne m'est accordée, et je soupçonne même le dieu du sablier de tricher quelquefois dans mon décompte journalier...

Je replonge dans les abysses digestifs de ma planète. Sa gigantesque flore intestinale ne semble toujours pas prête à me laisser passer aussi finalement. Mais ma mémoire commence à connaître son trajet dans ces dédales gastriques. Je serpente entre les organes filandreux, glisse parmi les boyaux, pour arriver jusqu'à la clairière où se dressent mes arbres fruitiers. Sur mon trajet, je remarque des empreintes. Plutôt gros, l'animal... Heureusement pour moi, je ne connais pas de mangeurs d'hommes aux sabots fendus.

Je suis revenu juste à temps, avant que ma vue ne s'éteigne au profit de mes autres sens, toujours aux aguets dans les filets de la nuit.

Mon ventre est plein. Les *himes*[5] d'ici, autrement dit les poissons, ont un goût incomparable dû à leur couche de graisse. La nourriture ne leur manque pas – ni à leurs prédateurs. Dommage que le fleuve soit si loin…

Demain, j'espère poser quelques collets et autres pièges, partir un peu à la chasse, et peut-être me reposer. Je dois aussi me coltiner les tâches quotidiennes, à savoir : faire bouillir l'eau, ramasser du bois, rester en vie… Je souhaite encore augmenter le débit de mon cours d'eau et réaliser une retenue avec des pierres afin que son niveau se hausse. Finalement, tout rentre dans la norme. L'homme redevient l'intrépide combattant du temps.

Ce matin encore, je serais bien resté au hamac. J'ai des allures de singe paresseux. Surtout que les proportions de sucre de mon petit déjeuner sont loin d'être engageantes : seule une tache de farine flotte encore sur une mer de sucre. Je savoure mon couac en contemplant d'un œil dubitatif les quelques tas de provisions qu'il me reste. Je dois absolument compter sur ma chasse et ma pêche si je veux rester de la partie.

5. Dénomination arawak.

J'ai des intrus sous mon logis. Je dois une nouvelle fois faire face à une invasion de pirates affamés, aux étendards multicolores. La forêt est en guerre perpétuelle, j'ai la certitude que le pacifisme ne prendra jamais racine dans ce terreau. Les parois de mon cercueil ne sont pas étanches : on entre dans mon fort comme dans un port. Pour éviter ces opportunistes, il me faudrait former une avant-garde de sève gluante sur les assises de mes arbres porteurs, qui servent d'échelle à ces pilleurs de sarcophage. Mais pour l'instant une chemise ou une semelle de chaussure suffisent à les repousser.

Je me lève avec des bottes de boue. Mon corps forme une carapace de terre, richement médaillée d'éraflures. Je suis, et pour sûr, le dernier survivant des poilus encore en activité. Du fond de ma tranchée, je lutte encore contre l'ennemi. Cependant mes démangeaisons deviennent insupportables. Il est temps que je me lave. Mais, malgré les pluies des derniers jours, le mince filet de mon lavabo est insuffisant. Cette forêt est une vraie passoire. Elle ingurgite l'eau telle une assoiffée. Dès lors, j'entreprends quelques opérations afin d'aménager mes canalisations. D'abord, un bon nettoyage des feuilles mortes et des autres débris de végétaux qui obstruaient mon petit ruisseau. Ensuite, je le creuse à la main et lui constitue une petite digue, avec des rochers colmatés à l'argile. Je dois maintenant patienter un peu, si je veux le laisser se remplir, et attendre que la terre se dépose en son fond. J'en profite alors pour partir chasser.

Le soleil brillait de toute sa gloire au sommet de son triomphe quotidien. C'est sous son égide que j'ai pris les armes. Mes foulées sont encore maladroites. Je tangue sur ce sol houleux. Les entailles qui bordent mes pieds sont comme des bouées sur les flancs d'une épave. Je marche sur des mines douloureuses. Difficile de se fondre parmi les troncs, de patienter sous le couvert des arbres fruitiers dont les oiseaux raffolent, ou de prêter l'oreille au moindre souffle. Mais un vrai Amérindien ne craint pas les larmes [6]. Il devient le chasseur, le *yokharhin* [7], l'employé de la mort. Il glisse tel le serpent, le magicien de ce théâtre tragique. Ces reptiles enserrent ce monde de leurs anneaux.

---

6. Référence au rite appelé *maraké,* faisant accéder le jeune au statut d'homme : il s'agit de résister à la douleur de dizaines de piqûres de fourmis enveloppées dans une vannerie appliquée sur la peau.
7. Chasseur dans la langue des Indiens arawaks. Le terme proche de *yokararhin* désigne le commerçant et on peut se demander s'il n'existerait pas un lien entre ces deux mots…

Ils le pressent de toute part. Ils sont comme des rhizomes, et forment l'humus de cette terre vénéneuse. J'avance entre leurs crochets. Et pourtant, je ne les aperçois que rarement. Ce qui n'est pas plus mal, et de toute façon, ils ne sont pas la cible de mes flèches. Par contre, je remarque plus loin des oiseaux à la queue jaune qui ont choisi de s'en prendre à mes papayes.

Je me poste en embuscade et attends mes voleurs. Un imprudent se pose bientôt. J'avance un pas, mais celui-ci ne passe pas inaperçu aux yeux du volatile. Il se dérobe en vociférant…

Au bout de plusieurs tentatives infructueuses, je parviens enfin à m'approcher d'un de ces oiseaux hurleurs. Mon arc se tend, ma flèche file. Beau tir ! Il aurait été parfait avec un peu plus de force. Mon trait échoue à quelques centimètres de sa cible, passant juste en dessous. Ma proie s'envole après m'avoir décoché un petit air narquois. Frustré, je pars chercher mon projectile. Il a atterri dans une fosse envahie par la fertilité et, avec sa trajectoire concave, il m'est assez difficile de déterminer l'endroit exact où il a fini sa course. Je passe peut-être une heure à le chercher sur un terrain où j'ai de la peine à me faufiler. En plus, je dérange les fourmis maniocs[8] *(voir photos)* qui me font souffrir une valse frénétique. Finalement, mes efforts seront vains. J'abandonne mon courage à ce sanctuaire d'Aphrodite et rentre bredouille en ayant perdu la meilleure de mes deux flèches. J'aurais mieux fait de perdre la fatigue qui me suit comme un petit chien. En prime, j'apporte les brûlures d'une plante urticante. Ainsi que de vilaines morsures de fourmis – dont deux inquiétantes. En effet, les grimoires de ces redoutables légionnaires à mandibules fourmillent de poisons en tout genre. De l'acide formique à la ponératoxine[9], on passe de l'ortie au poignard. Ici, tout le monde est armé et prêt au combat. La moindre particule a des dents. Je clôture mon expédition en posant un collet en fil de pêche. Je rentre manger une papaye, et un reste de riz de la

8. Fourmis du genre *Atta,* aussi appelées « fourmis champignonnistes » car les végétaux qu'elles coupent inlassablement ne servent que de support aux champignons qu'elles cultivent pour se nourrir.
9. Puissant venin neurotoxique d'une fourmi du genre *Paraponera,* surnommée « fourmi 24 heures » à cause de la durée des douleurs ressenties après sa morsure.

veille que j'accompagne de cassaves. Je constate que la conservation des aliments est très réduite dans ce bourbier. Mes papayes pourrissent, mon riz cuit s'en imprègne. Je ne peux rien préparer à l'avance. De toute manière, je ne pense pas tenir encore très longtemps sur mes provisions.

Des visages d'un autre temps ont croulé jusque dans ma tête. Ma famille me manque. Ils me remplissent. J'en déborderais presque de larmes…

Je descends de mon logis pour creuser mon bain. L'eau m'arrive déjà aux genoux. Et ce n'est pas sa couleur d'argile qui va m'arrêter. Il est vrai qu'elle est un peu froide, mais c'est vraiment agréable. À force de frotter, mes semelles de boue finissent par s'évanouir.

La pluie et son bulldozer me surprennent dans mon entreprise. Leur seule qualité est de prévenir quand ils arrivent. Seulement, cette fois, je ne peux m'empêcher de penser qu'ils ne font qu'interpréter leur rôle : celui d'apporter la vie par saccades. Car sans cet énorme arrosoir rien n'existerait dans ce champ touffu. C'est une avalanche de gouttelettes d'espoir pour ces abîmes brûlants. Tel un jardinier, le nuage inspecte son territoire, arrosant religieusement le cœur de ceux qui croient encore à la vie. Mon toit n'est pas complètement étanche, mais je le colmate activement. Je n'ai pas réussi à trouver des feuilles de bananier plus grandes, et surtout plus étanches que les miennes, qui sont toutes découpées. Cependant, mes efforts résistent cette fois-ci. Je ne tarde pas à fermer un œil à peu près au sec. Relâcher ma vigilance serait une grave erreur pour moi. Surtout que mon feu succombe déjà sous les traits meurtriers.

De toute façon, ici, le sommeil est extrêmement difficile à convaincre. Même dans ma cache, il tremble d'épouvante sous les lames végétales. Il s'envole rapidement. Il n'a pas confiance. Je ne peux dormir qu'en sursaut.

Entre les épines des feuillus les contraires se côtoient. Dans mon quotidien, tout n'est que démesure. Le gris s'est enfui de cette fosse il y a trop longtemps. La vie pousse dans les cadavres, la mort vit à côté des vivants. Les rides des arbres s'évanouissent dans la fertilité du ciel vert. Mais à force de grandir, ces sages ont oublié sur quoi ils poussent. Ils ne sont plus capables de regarder à leur pied les champignons et les bactéries qui composent le tableau, comme autant de pigments sur la toile d'un artiste. Ils comblent le tout. Ils sont les éboueurs des mondes, et sans eux rien n'existe. Même la plus belle fleur du monde ne peut pousser sans leur aide. Même la plus belle fleur ne peut pousser sans la merde.

Même si mes affaires sont sèches depuis hier, je préfère les garder comme couvertures contre les fraîcheurs nocturnes. Je me suis parfaitement adapté à la garde-robe indigène. Il faut dire que c'est la plus appropriée au milieu. Car si les Amérindiens se déplacent quasiment nus sur les feuilles, c'est qu'il y a une raison. En effet, les habitants de la forêt sont tout à fait aptes à se tresser des vêtements. Mais s'ils préfèrent leurs pagnes rouges, c'est à cause des conditions climatiques. Ici, on est tout le temps mouillé. Il pleut souvent, et même quand ce n'est pas le cas, il n'est pas rare que des poches d'eau, coincées dans la végétation aérienne, vous pissent dessus. Les affaires ne sèchent donc jamais et on attrape vite froid. Contrairement aux idées reçues, mes habits ne me sont d'aucune utilité face aux épines ou aux morsures d'insectes. De plus, on étouffe sous ces fibres. On n'est jamais à l'aise. La sueur ne s'évacue pas. Tout comme la saleté qui reste rivée entre les couches. La nudité n'est donc qu'une nécessité.

On calcule l'âge d'un arbre grâce aux stries de son tronc. Plus il en a, plus il est vieux. Pour les humains dits civilisés, ce sont les épaisseurs de vêtements qui déterminent leur âge. Car plus on est âgé, plus on se couvre. L'évolution n'est pas si marquée au fond...

Me voilà prêt pour une nouvelle journée de chasse. Elles me semblent plus faciles que je ne l'imaginais. Ces bois tropicaux foisonnent de gibier. Les animaux ne se méfient guère de l'homme. Il faut dire qu'ils ne doivent pas en apercevoir beaucoup. Cependant, tirer à l'arc est délicat. Je n'ai que quinze à vingt mètres de portée. Voir sa proie est une chose aisée, mais l'approcher est d'un autre calibre. Les *dokothis* [10] racontent qu'avant les armes à feu les animaux vivaient aux abords des villages. La compagnie de l'homme ne les effrayait pas. Depuis, l'odeur de la poudre les oblige à se retrancher de plus en plus loin dans la jungle. Je remarque dès à présent que le bruit ne les

10. Terme arawak désignant le grand-père. S'adresser ainsi aux anciens est une marque de respect.

perturbe pas. Par contre, leur vue et leur odorat sont très développés. Enfin pas chez tous. L'exception vient des lézards. Ce sont des êtres vraiment à part. Les plus débiles entre ces murs pour fous. J'ai failli marcher sur l'un d'eux aujourd'hui. Il m'a donné une sacrée frousse. Heureux les simples d'esprit…

Je décide d'étendre mon territoire. Je m'en vais vers des lieux inconnus. Un bruit m'attire assez vite. J'en suis certain, il y a des rapides non loin de ma position. Derrière ces remparts il chevauche, libre comme un évadé, l'asphalte amazonien, la seule frontière de ces tombes. Je découvre, avec joie, un bras du fleuve qui serpente parmi les rochers. Il embaume l'air de ses guirlandes de fleurs qui jaillissent de toute part comme les éclats colorés d'un feu d'artifice. Il livre la vie, tel un vulgaire marchand de glaces klaxonnant aux carrefours. Cette nouvelle me met le cœur en fête. Désormais je peux aller pêcher sans encombre. Je vais devenir un vrai Amérindien, un mangeur de poisson. Je cours chercher mon fil armé d'hameçon. Même la faim tiraillant n'a pu résister face aux attraits azurés de ce confident. Je me glisse dans son lit et, une fois lové sous ses draps, je trouve la paix…

Mer de boue

Quand l'éther se reflète dans tes eaux tumultueuses,
et que même le soleil descend boire à ton sein,
je te vois, ô toi, la grande déesse généreuse,
comme la gloire de tous les peuples amérindiens.

Tes belles hanches à la courbe gracieuse et fine
s'en vont charmer l'horizon dans des refrains sublimes.
Et entre tes doigts, en guet-apens, tu laisses onduler
tes longs cheveux d'argent, aux élans frais et parfumés.

Mais sous tes charmes se cache un terrible orgueil.
Tes abîmes ne sont que des repaires de sirènes,
de démons ayant sucé les âmes, à trop de lèvres,
en privant beaucoup trop de naufragés de leur cercueil.

Car si parfois tu fais la morte, indomptable féline,
Ta fureur n'a hélas pour moi plus aucun secret.
Tu forges l'or, dans les recoins de ton antre fétide,
et tu nous attires tous dans tes subtils filets.

Puis je rentre mettre à cuire sur le feu les deux piranhas que m'a donnés mon nouvel ami. Je me couche dans mon hamac, l'esprit flottant encore sur les charmes de ce sorcier ruisselant.

5

LA PETITE MAISON DANS L'AMAZONIE

J'ai retrouvé mon mental, mais mon corps est au plus mal. Je le sens rompre sous la pression infectieuse. Écrire est déjà une torture pour moi, à cause d'un doigt que je ne peux presque plus plier. Il est possible que ce carnet s'arrête bientôt… Cependant, de grands projets m'animent. Mon cocon va faire un bond dans le temps. La modernité le ronge. Le progrès l'assaille. Le voici qui s'équipe de superflu. Je coupe des troncs épineux que je lie à la base de mes arbres porteurs. Avec leurs pointes longues comme mes doigts, j'entends bien repousser ces reptiles carnivores, jaloux de l'éden du bien-être humain. J'agrémente également un monte-plat à ma grange. Il me permet ainsi de hisser ma marmite chaude rapidement à l'abri – en évitant les barreaux incertains de mon échelle. De plus, je creuse une seconde fois mon ruisseau, et à présent il prend les tournures d'une agréable baignoire *(voir photos)*. Je m'offre le luxe du confort ! C'est le début de ma vie dans la forêt ! Je renais du fond de mon caveau. J'embellis mon cercueil. Je décore ma croix. Peut-être que je me suis enterré trop tôt ? En tout cas, si cela continue je vais finir par me trouver à mon aise au fond de la gorge de la jungle.

Je retrouve l'écume de mon torrent et y panse mes blessures. Si son eau n'était pas infestée par le mercure *(voir note 3 de la préface),* je pourrais la boire plus souvent. Ces orpailleurs, sans loi ni maître, n'ont aucune pitié pour la nature. Ils pillent la terre comme ils pilleraient leur mère. Pour quelques grammes d'or. Rien ne semble pouvoir les retenir. J'espère que je n'aurai pas à les rencontrer. Car j'ai appris par les Indiens qu'ils ont un campement un peu plus en aval du fleuve et qu'ils n'aiment pas trop que l'on vienne fouiner dans leur négoce illégal.

Enfin, ce cours d'eau est une véritable aubaine pour moi. Dire qu'il était là pendant tout ce temps, camouflé derrière les lianes, à quelques minutes de marche seulement. Cette crypte n'est pas si hermétique que cela après tout. Elle se fissure sous les veines d'espoir qui la transpercent. Le sang de la forêt me paraît intarissable. Ces bois me rappellent les Indiens, si forts, et pourtant si faibles devant la mondialisation.

Je pêche aussitôt trois poissons-chats et rentre les manger. Aujourd'hui, tout me semble d'une étonnante facilité. Je donne une nouvelle vie à ma poterie, et j'entreprends la construction d'un four. Au cours d'explorations précédentes, j'ai découvert l'endroit propice à son élaboration. Une butte d'argile abritée par les lianes, non loin d'un réseau de terriers. Par le conduit de la future cheminée, je creuse une première chambre à la main. Puis, je façonne une petite entrée d'air en bas de la cavité. Je facilite ainsi le tirage, et améliore la combustion du bois. J'allume sans attendre un premier feu à l'intérieur. Car pour cuire mes poteries mon four doit être totalement sec. Sinon, il risque de se fissurer sous la chaleur. Je pose ma poterie aux abords de mes futurs fourneaux, afin qu'elle profite de cette source de chaleur.

Ils sont surentraînés. Ils remuent chaque centimètre carré d'air, par leurs mouvements intempestifs. Ils piquent à travers toutes les surfaces, et vous laissent d'énormes pustules. Ils ne dorment jamais, sont insatiables. Le vrombissement de robots qu'ils dégagent s'oublierait presque, tellement il m'est familier. Seule une épaisse fumée peut prétendre les dissiper. Il en arrive tout le temps. Et par cargos entiers ! Des escadrons démangés par le sang, tailladant la moindre parcelle de viande dans leur ligne de mire. Ils lacèrent, canardent, mitraillent en tout sens. Si bien que même les arbres en sont bosselés. Les végétaux et la terre en bourgeonnent ! Tous portent leurs sceaux arrondis. Tous vénèrent ces dieux des boutons. Dans la jungle, ce sont eux qui font la pluie et le beau temps.

Je reviens à ma capitale centrée sur mon arbre, ma tour Eiffel *(voir photos)*. Ma petite maison forestière a bien grandi. Pourtant, elle semble encore si petite, perdue au milieu du flot végétal. Je prépare tout de suite mon repas. Le riz à l'eau m'est vraiment trop familier. J'en

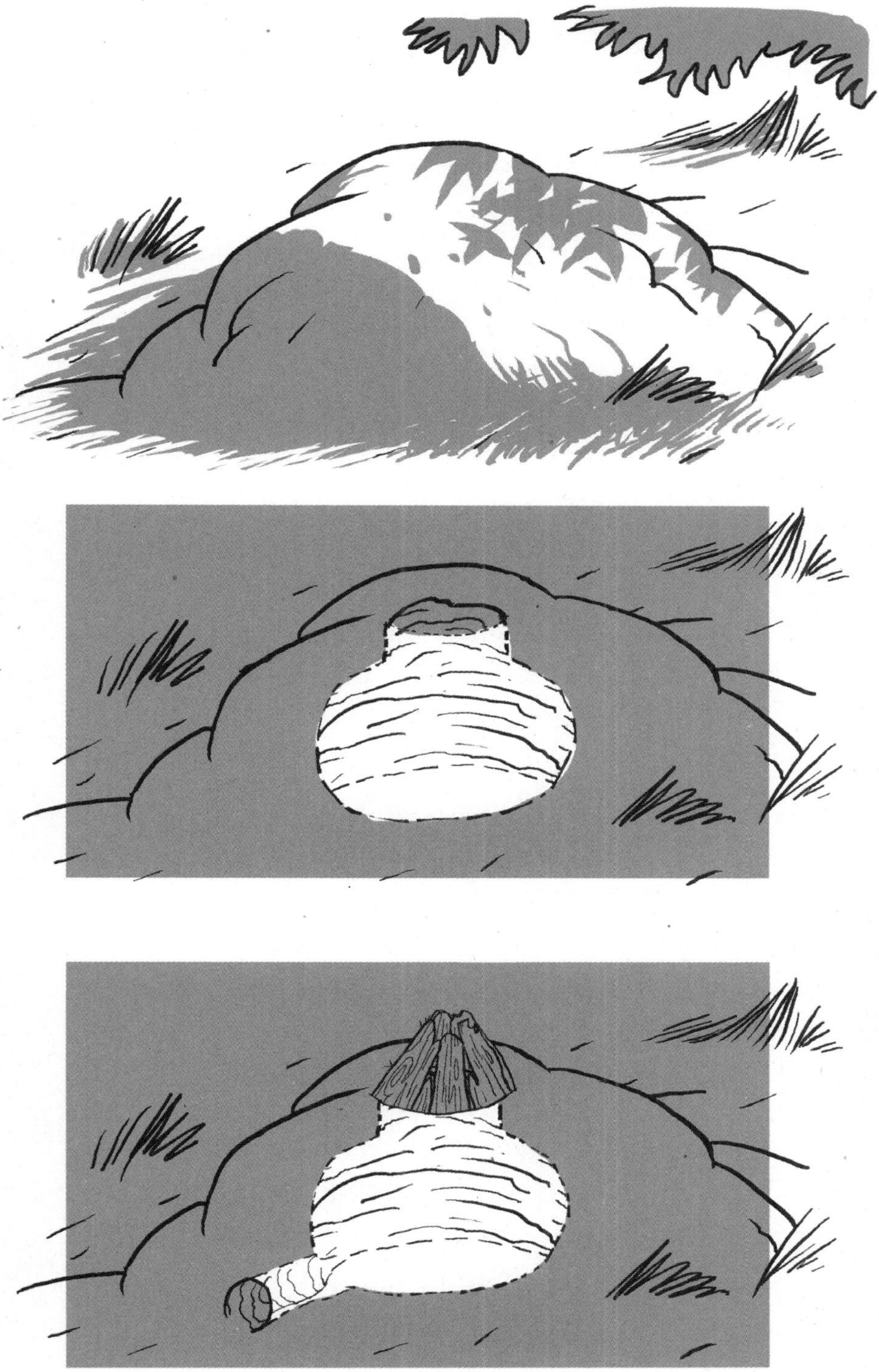

Construction d'un four.

consomme une partie crue, cela me change un peu. Parfois, il suffit d'un brin de nouveauté pour se décharger du fardeau quotidien. Le poisson me redonne de l'énergie. Je retrouve le plaisir de manger, et la force de mâcher.

Une nouvelle journée s'enfonce déjà sous les coups de pelle de mes nuits sans étoile. Mes insectes célestes sortent leurs costumes. Ils jonglent avec mes rêves. Le ballet accueille déjà la fièvre du soir. La chaleur monte, les hallucinations reviennent. Les songes se cachent avec réalisme. Mes sens ne me font plus confiance. Je délire…

La brume a faim ce soir. Les fantômes gourmands salivent déjà. Ils attendent ma défaite. Ils attendent que je craque. Mon corps n'a pas le temps de se reposer face aux attaques répétées des bactéries. Je perds peu à peu du terrain, mon sang s'enivre sous le poison qui me gagne. Le mal prend racine en moi. Combien de temps vais-je encore tenir ?…

J'ouvre brusquement les yeux dans la lourde réalité. Un cri d'oiseau déchire la nuit. Il sait qu'il va mourir. Mais son cri n'est pas une plainte. Il lâche son ultime avertissement pour les autres, ceux qui s'attachent encore à leur bonne étoile. Il leur rappelle que notre ombre peut sévir à tout moment, que la Faucheuse ne connaît pas le repos. Immuable, elle joue et jouera son rôle d'arbitre entre les vivants et les morts, distribuant les visas et décidant du temps d'escale de ses voyageurs. L'expérience de ma première nuit me revient brutalement en tête. La vigilance se rassoit aussitôt sur le trône encore chaud qu'elle avait momentanément quitté.

« La première escouade a débarqué tôt ce matin. Grâce à sa rapidité légendaire, quelques minutes lui suffirent pour investir les lieux. La cible était encore endormie. Tout était sous contrôle. Mais un événement qui n'a toujours pas trouvé d'explication à ce jour intervint subitement. Les forces armées furent contraintes de battre en retraite. Les pertes étaient grandes. L'ennemi était déchaîné. On aurait dit une mère biche défendant son petit *korhelia* [1]. Peu ont survécu à la fin tragique de la mission. Désormais, la reine a décidé que tout sympathisant avec le grand être à deux

1. Le bébé dans le langage des Arawaks.

pattes serait considéré comme traître au régime. La zone a été entièrement bouclée et jusqu'à nouvel ordre les fourmis du haut conseil en ont formellement interdit l'accès.

Dépêche du 13 août par Fourmi rusée »

Voilà ce qui arrive quand on s'attaque à un Gaulois. Résister à l'envahisseur est comme dans nos gènes. Et puis où va le monde si on ne peut même plus être tranquille dans sa tombe ?

Je pars finir le séchage de mon four. Ma poterie a bien durci. Cependant, elle doit patienter encore un peu avant la cuisson. Je croise les doigts, encore douloureux, pour que la pluie choisisse un autre endroit où se faire bronzer. Une fois le foyer allumé, je l'abandonne et pars me couper une petite branche, ni trop souple ni trop rigide, d'une quarantaine de centimètres, dans un buisson aux feuilles grossièrement découpées. Je la taille sommairement, puis lie les deux bouts avec un puissant fil de pêche. Il ne me manque plus qu'une petite branche rectiligne pour compléter ma panoplie d'archer. Après l'avoir trouvée, je fixe à l'un de ses bouts une épine charnue. Sur celle-ci, j'ajoute une arête faite d'un petit fil de fer. Avec

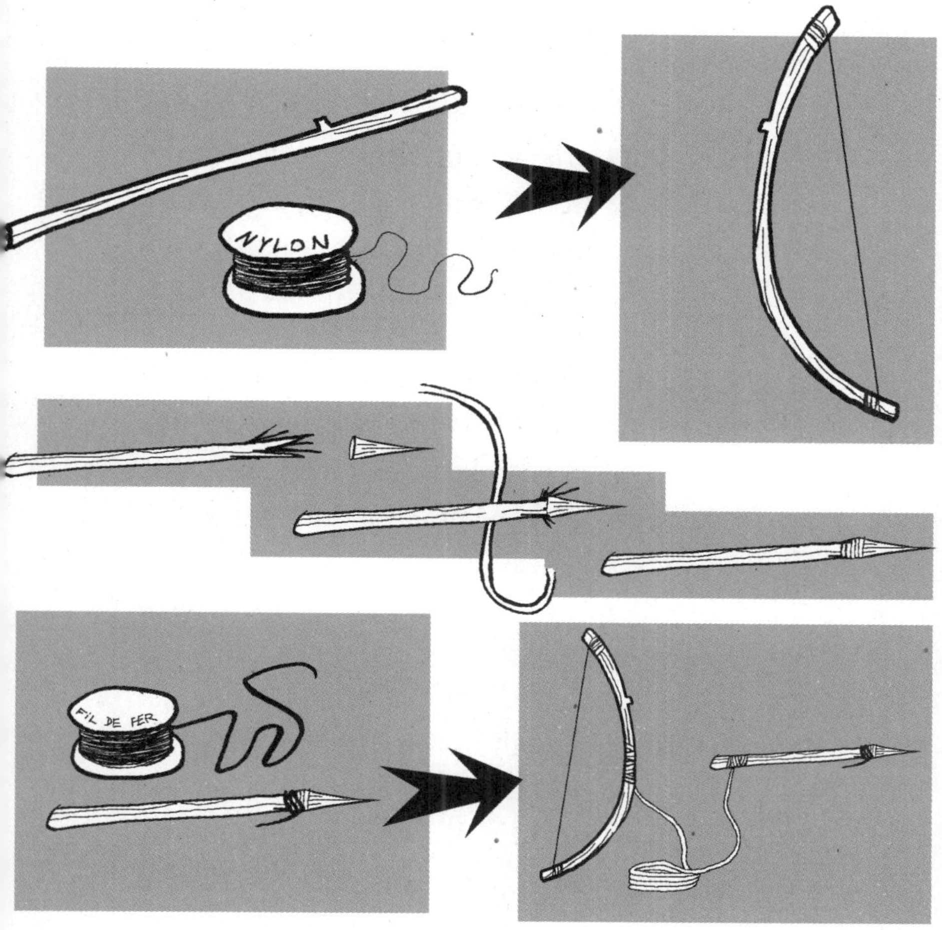

ce procédé, j'évite que mes prochaines victimes se dérobent à mon trait. Cette arme – utilisée par mes professeurs – permet de chasser sous l'eau avec une sorte d'« arc-harpon ». Je finis ma confection en reliant la flèche aux montants de l'arc. La recherche de tout ce matériel m'a pris du temps. Mais la réalisation me satisfait grandement.

Je reviens encore une fois surveiller le séchage de mon four à céramique. Je remets un peu de bois à l'intérieur. Puis, je succombe à l'envie d'essayer mon nouveau jouet. Je suis rapidement dans les divagations du fleuve. J'avance en m'agrippant aux pierres que plusieurs centaines d'années ont torpillées. Le courant est déroutant. Il me faut trouver des zones abritées, c'est là que se reposent les poissons-roches [2]. Le sable aurifère brille sur les bas-fonds. Il caresse la peau comme aucun autre. Les fleurs font aussi mal qu'elles sont belles. De grosses épines s'échappent de leurs feuilles, et colonisent les rochers. La vue est très restreinte, à peine un mètre. Pourtant, il n'est pas rare de faire de belles rencontres. Seulement, il est difficile de conclure quand on a besoin de ses deux mains pour éviter que le courant nous entraîne dans un autre monde. Je dois malheureusement stopper mes explorations, si je veux avoir le temps de me sécher sur les rochers brûlants. Je prends rapidement de la hauteur avant que le soleil n'emporte sa chaleur dans son lit. Du haut de ma chaire, je profite de ma situation pour faire avaler des couleuvres à mon futur repas. Le peuple des

---

2. *Hypostomus plecostomus,* poisson mangeant les algues sur les rochers.

ruisseaux gobe n'importe quoi. Je n'ai pas de mal à trouver de nouveaux disciples. Un poisson-chat suivi d'un piranha au teint

d'argent[3] me donnent bientôt leur vie. Je ferme mon église et passe alimenter une nouvelle fois le petit foyer de mon fournil à poterie. Demain, cet aspirateur à bois sera entièrement opérationnel. Je vais pouvoir me débarrasser de ces

3. Je pense à *Serrasalmus rhombeus.*

intrus qui logent à mes frais dans mes habits et dans mes tissus organiques.

Sur cette terre, la vie pousse partout où elle le peut. Elle grouille telle une ville, dans une frénésie mortelle. Elle rouille la mort. On peut rester une heure, sans bouger, à analyser tous les enchevêtrements de lianes. Les végétaux s'embarquent dans des shows acrobatiques des plus complexes. Ils se tordent avec une souplesse incroyable. Êtes-vous sûr que le Kama-sutra provient de l'Inde ou de l'Asie ? Et pas plutôt des Indes occidentales [4] ? L'amour ne pousserait-il pas sur les arbres ?…

Je m'endors sur ces dernières pensées, m'écroulant comme une pierre.

Ma nuit éphémère s'envole bientôt, charriée par le soleil qui me regarde déjà, quand j'émerge d'un repos limpide. Pourtant, maintenant que j'ai goûté au sommeil, l'idée d'attendre jusqu'au soir me devient insoutenable. Mes yeux pleurent quand je les ouvre. Je passerais bien ma matinée à dormir… Mais je ne le peux.

4. Les Indes occidentales sont le nom que donna Christophe Colomb à l'Amérique, se croyant alors en Asie.

Je pars prendre l'apéro chez mon récent ami le fleuve. Je transpire dans les rapides alcoolisés. Les griffes acérées des plantes me retiennent sous l'eau. Cependant, la fraîcheur de l'onde glisse sur mes membres telles des caresses volées. Je m'ancre avec mes pieds afin de libérer mes mains qui bandent mon arc. Ma première proie s'embroche comme dans un rêve : la flèche lui transperce la tête. Je dépose mon premier poisson-roche sur ma selle. Puis, je replonge dans les entrailles de mon destrier. La vie disparaît en un éclair sous les galets et les concavités obscures. Ma deuxième prise se fait attendre… En revanche, sa grosseur me redonne tout mon souffle. Je déracine alors un gros escargot que les Indiens consomment, et apprécient même particulièrement. Mais en un tir manqué, la pointe de ma flèche se brise sur un roc. La matinée a déjà sombré, il est temps pour moi de rentrer si je ne veux pas saborder ma journée. J'arrête mes plongées asphyxiantes, et pars cuire mon butin. Mon poisson fond comme de l'or sur la braise. Je garde le limaçon pour le soir dans ma marmite avec un peu d'eau à l'abri des regards indiscrets. C'est une des rares choses que je n'aurai pas de mal à conserver.

Mon four semble prêt pour la véritable épreuve du feu. J'allume un gros foyer que j'alimente tout au long de l'après-midi. Je plonge dans le brasier mon petit récipient et rebouche en partie la cheminée avec des écorces d'arbres. Je suis obligé de rester aux abords de mon four pour surveiller la cuisson. Du coup, j'en profite pour m'occuper à élaborer d'autres céramiques. Je façonne ainsi une grosse marmite. Ainsi qu'une plaque circulaire qui servira pour la cheminée de mon château fort. Ces confections me prennent du temps. Il me faut repasser par toutes les étapes énoncées précédemment (récupérer la terre, la tamiser, l'homogénéiser, la modeler)…

La forêt est quand même plus agréable quand la pluie s'en éloigne. Cependant, je n'oublie pas mes précédentes péripéties, où c'est elle qui me sauva. L'être humain est un insatisfait…

La nuit glisse. Je finis les réparations nécessaires à ma flèche. Je comble le four de combustible une dernière fois, et le laisse terminer sa fusion tout au long de la nuit. Je mange un reste de riz du midi avec mon escargot. Son goût se rapprocherait presque d'une viande ; ce qui est très appréciable, plus que son côté caoutchouteux. Je m'introduis dans mon hamac et cède à un repos mérité.

Le matin, je m'empresse d'observer les résultats de ma longue cuisson. Je découvre avec joie que ma poterie a bien cuit. Ses pores sont totalement obstrués. Je la laisse refroidir encore un peu et pars pêcher les poissons.

Aujourd'hui, le fleuve s'est couvert. Il a revêtu son cuir imperméable. Il se fait plus discret. Sous les gros nuages menaçants qui se mirent dans ses eaux. Je cours me protéger sous sa cape, qu'il me tend galamment. Je glisse dans son ventre, explore ses jardins secrets. Pendant qu'en haut, les nimbus troublent leurs reflets de sanglots. Je rentre me sécher. Abrité sous mon bunker, je mange un peu de riz avec trois poissons-roches, près de mon feu.

L'après-midi balaie le ciel. Elle envoie les pleurnichards geindre au loin. J'en profite pour remonter un peu plus en amont du fleuve. Poussé par une brise d'aventure, je débusque deux petits crabes sous les rochers. Je décide de m'en servir pour charmer le *coumarou* [5]. Ce gros poisson chasse dans les eaux profondes,

5. Poisson carnassier de Guyane.

et pour l'attraper un long fil et de gros hameçons me sont indispensables. Je pars pêcher le matériel nécessaire dans les poches de mon sac. Puis, je reviens, confiant. Je m'installe sur le pic d'un rocher, érigé au milieu des rapides, et patiente la main aux aguets sur le fil que j'enlace. Je dois sans cesse remettre des bouts de crustacés. Car d'habiles opportunistes parviennent à extraire la viande des cavités cartilagineuses de mon appât. La détente fut sans appel, une véritable poignée de châtaignes. La suite est plus triste… Je découvre mon fil sectionné par les dents de ce carnassier. Je ne me décourage pas. J'arme un bas de ligne avec du petit fil de cuivre que j'ai aussi dans ma malle. Je retente l'expérience. Rien, toujours rien… Je change d'endroit, trouve d'autres crabes. Je guette le moindre mouvement… Puis, la secousse me saisit de nouveau. J'extirpe avec rage ce trésor que les eaux n'étaient pas prêtes à lâcher gratuitement. Je le saisis par les branchies, et lui sectionne le cou. Ce n'était pas un coumarou, mais un *pacu*[6]. Il est gris clair, et surtout très gros. Je le vide, donnant ses

6. Du genre *Myleus*, appelé aussi « faux piranha ». Ce poisson possède le même régime alimentaire que son voisin des rivières ; ce sont d'ailleurs des espèces très similaires, comme le sous-entend son nom.

viscères aux oracles des profondeurs. Puis, je prends la direction de la cuisine. Mon poisson cuit déjà.

Non loin de moi, ma poterie s'ennuie… Je repense soudainement à ces maudits parasites qui grouillent en moi. Seulement, les boutons ont l'air de se calmer. Les infections de reculer. Je parie que les bains prolongés y sont pour quelque chose. Mais, pour plus de précautions, j'ébouillanterai mon hamac demain, si le soleil le veut bien. Car pour l'instant, le bois me manque. Je dois faire le plein de combustible, si je veux que mon petit soleil reste éveillé jusqu'aux premières lueurs.

Sous le poids des fagots, j'inspecte de loin mes pièges inutiles. Heureusement que mes hameçons connaissent plus de succès. Les restes de mes papayes règnent en maître du haut de leur promontoire. Personne ne semble avide de les détrôner. Quant à mon collet, il n'est pas plus avantageux… Je suis un piètre braconnier. Néanmoins, j'apprends vite et je garde espoir. La vie est un cadeau, un miracle. C'est une chose qu'il est difficile de nier recroquevillé au milieu de cette faune sauvage. J'essaye de profiter au mieux de mon enseignement. Car après tout, je ne suis qu'un élève. D'ailleurs, je reprends sereinement des forces. Je m'habitue à ces profondeurs. Mon cercle de cendre progresse chaque jour. Mon îlot grappille peu à peu du terrain. Et maintenant, j'avance comme un poisson dans l'eau au milieu de cette chambre mal rangée.

Ma réserve de bois entièrement remplie, je me mets à table. Ma prise a exactement la cuisson qui lui convient. Sa viande est exquise. Je prends garde de ne pas en laisser une miette. J'espère que mon hamac supportera mon poids, tout au long de la nuit.

Le soleil ronronne déjà quand j'ouvre les yeux. Quelle chance ! Branle-bas de combat ! Je dois me dépêcher si je veux que toutes mes affaires aient le temps de sécher, avant que le ciel ne retourne sa veste et se voile. Je remplis tous mes récipients d'eau et active le feu. Ma matinée part en fumée. J'ébouillante, partie par partie, des bouts de hamac et tous mes vêtements... Mon équipement complet doit passer dans l'eau désinfectante.

Après ce grand nettoyage de printemps, je pars étendre l'ensemble sur les rochers ardents. J'en profite pour me savonner un peu et vérifier si quelques poissons ne sont pas de passage près de la surface des eaux. Je plonge récupérer trois mollusques et un poisson-roche. C'est tout ce dont j'ai besoin pour le déjeuner. Je pense me confectionner un petit filet avec de la ficelle. Seulement j'abandonne rapidement l'idée. Car le courant est tellement violent qu'il risquerait d'enfoncer mon grillage, avec les coups de bélier qu'il assène sans cesse vers l'océan. Je laisse mon linge dans les bras du soleil.

Je suis d'humeur vagabonde. Je pousse mes explorations au loin. Mon fidèle arc m'accompagne. La forêt est loin d'être calme cet après-midi. Plein de bruits s'y promènent. Ils sont tous plus farfelus les uns que les autres, et il m'est impossible de trouver leurs propriétaires. Seuls les immanquables iguanes sont encore là pour me faire sursauter au dernier moment. Je réussis cependant à en apercevoir un avant qu'il ne prenne la fuite. Seulement, ma visée ne sait récompenser ma vue. Loin de là même, car ma flèche échoue à plus de cinquante centimètres. Un petit rongeur a pointé le bout de son museau. Cependant, le temps que j'arme mon tir, il avait déjà pris la fuite. Je découvre finalement des palmiers au cœur comestible. Je les ramène dans ma forteresse. Au moins, je ne rentre pas les mains vides. C'est déjà ça…

Connaissez-vous la vie à la ferme ? Non ?! Alors venez faire un tour dans cette antre perdu. L'oiseau du réveil n'est jamais en retard (1), le chien aboie au moindre bruit (2), les vaches meuglent dans le sous-bois (3), et si vous avez un peu de "chance" vous connaîtrez même l'odeur du fumier (4).

① En effet, les oiseaux chantent aux aurores, et on trouve quelquefois aussi des volailles similaires aux poules.

② Les chiens-bois défendent leur territoire.

③ L'oiseau-bœuf en shaman ou la coracine chauve possède un cri sourd identique aux meuglements d'une vache.

④ Les Indiens se disent capables de sentir venir les gros prédateurs de l'homme (anaconda, jaguar, puma) à cause de l'odeur nauséabonde qu'ils dégagent.

Des arbres et des arbres, tous différents les uns des autres. Des centaines d'individus travaillant main dans la main, racine dans racine. Chaque bourgeon est une nouvelle entité. Elle grandira et donnera naissance à son tour. On a souvent décrit l'arbre comme n'étant qu'une seule et même essence. Mais en réalité, il n'est qu'un support pour la vie, qu'une gigantesque termitière. Il est plusieurs à la fois. Sa partie aérienne n'est que la partie visible de l'iceberg. Les géants de quarante mètres, qui forment le couvercle de mon cercueil, ont un système racinaire de plusieurs centaines de kilomètres, si on prenait le temps de les mettre bout à bout. Leurs radicelles se déroulent sur des hectares de terrain. Elles s'enfoncent sur des centaines de mètres. Sachant que l'Amazonie s'étend sur plus de quatre millions de kilomètres carrés et connaissant sa densité, je vous laisse entrevoir le formidable réseau de galeries souterraines que cela peut représenter.

Je pars récupérer mes affaires désormais sèches et craquantes. Ici, on passe de l'inondation à l'aridité en un clin d'œil. Les éléments ne font pas les choses à moitié. Je ramène le tout au campement. Puis, je les remets aussitôt en place. Je m'installe dans mes nouveaux quartiers flambant neufs et aseptisés. Le poisson d'hier continue à me livrer ses forces. Cependant, l'élevage d'escargots de mon trou d'eau ne survivra pas à mon dîner, même si je l'accompagne de riz et de papaye. Je mange peu le midi, mais de plus en plus le soir. Je change de rythme, à moins que ce ne soit celui de la forêt qui me change.

Réveil en sursaut à la fin de la nuit. Quelque chose s'est glissé sur mon toit. J'ai du mal à bouger. La peur coince dans mes rouages. Tétanisé, je joue la carte du mort. Toutefois, mon cœur tambourine si fort qu'il faudrait être sourd pour ne pas l'entendre. L'atmosphère est trop pure. Mon feu n'exhale plus son haleine repoussante. Je suis cuit, un boa arboricole a dû réussir à franchir mes protections. Peut-être même qu'il est tout bonnement descendu par la cime de mes arbres. Le résultat est le même, quelque chose va me tomber dessus d'une seconde à l'autre. La pénombre est dense. Ma machette est en bas. Je n'ai que mon fidèle poignard comme garde du corps. Je tente une folle sortie. La meilleure des défenses n'est-elle pas l'attaque ? Je n'entends plus rien. Le reptile est peut-être juste en dessous de moi. Peut-être attend-il que je pose mon pied sur les rondins pour m'attaquer. Ma jambe s'élance dans le froid. Elle hésite à sentir le plancher humide, ou les anneaux glacés d'un... Ah ! La secousse me stoppe net dans mes pensées. Un cri d'alarme me transperce. Je manque de justesse un plongeon tête la première, puis tombe à la renverse dans mon hamac, qui plie sous le choc violent. Quel con je fais ! Dans le lointain, le froissement des ailes d'un oiseau accompagné de ses jacassements se dissipent. L'inconnu a eu aussi peur que moi, je doute qu'il revienne se percher sur mon toit. Quant à moi, j'ai laissé s'envoler ma chance d'avoir un peu de viande. Mais je m'en tire bien, car c'est ma vie qui aurait pu se faire la malle.

À peine levé, je détale mettre mon nez dans les épines. Je cueille les branches les plus aiguisées et les fixe de suite au faîte de mon toit. Personne ne monte ou ne descend dans mon terrier. Ma récente mésaventure m'a fait cogiter. Seulement, au fond je sais bien que cela ne vaut pas grand-chose... De plus, je ne peux barricader mon échelle. Et puis même si je transformais ma cabane en un porc-épic, je ne serais pas forcément plus tranquille. Les épines n'arrêtent que les humains, c'est bien connu ! Enfin, au moins, je ne me reprocherai pas de n'avoir rien tenté.

Je dois allumer une deuxième fois mon four, et c'est un véritable gouffre en bois. Le ramassage de ces tas de charbon me prend beaucoup trop de temps. Mes monticules de branchages s'évaporent comme par magie. Cependant, mes deux autres céramiques attendent impatiemment leur cuisson protectrice et je ne peux imaginer que les pluies viennent encore lapider mes efforts. Je laisse les flammes effectuer tranquillement leur digestion pendant que je leur rapporte sans cesse de la nourriture.

Je suis las.

Les journées sont réglées comme des horloges. La scène s'ouvre après que les oiseaux et les singes ont fini de se délecter des fruits des cimes. Ils indiquent que l'heure du repas pour les petits mammifères est arrivée – ainsi que pour les plus gros. Environ quatre heures après le lever du soleil, les moustiques s'en vont se reposer un peu. Puis, ils reviennent sans plus vous lâcher jusqu'au petit matin suivant. Ce que l'on pourrait nommer « le jour » – mais qui n'est en fait qu'une pénombre – se situe entre dix et quatre heures.

Mes deux poteries sont tendrement dorlotées par les flammes. La cuisson s'éternise jusqu'au soir. J'ai à peine eu le temps de sortir quelques poissons de mon réfrigérateur pour le déjeuner. Quant au dîner, il est composé exclusivement de papayes. C'est la première fois que je peux me reposer pendant la journée. À côté de mon four, je profite moi aussi de sa chaleur. L'indifférence amérindienne m'amadoue. Une fois la minute conquise, on peut passer toute une vie à se laisser aller au pas de ses caresses.

Je m'offre la chance de vivre mon rêve. Mais je n'ai presque pas le temps de profiter de mon environnement. Par contre, lui ne se gêne pas. Je me suis encore fait mordre par des fourmis. Il y a des fois où je rêve de me réveiller de ce cauchemar.

J'ai élu domicile, plus rien ne me fait peur désormais.

Mon sac n'est pas la caverne d'Ali Baba, mais je me débrouille comme je le peux.

J'utilise les racines aériennes de certaines plantes pour élaborer des cordes.

Ne pouvant faire de nœud, je lie mes liens en forme de huit, puis fais passer la petite boucle dans sa grande sœur.

J'agrémente un monte-charge pour apporter rapidement ma marmite au refuge.

Avec des pointes longues comme mes doigts j'espère me protéger des reptiles carnivores.

J'ai bâti un petit abri pour le bois.

Les bûches sont entreposées en quinconce : les petites devant, les grosses derrière.

Mes efforts portent leurs fruits. Ce soir mon corps surplombe la forêt. J'accède à un nouveau rang, une nouvelle vision s'offre à moi.

J'ai la gâle, je dois ébouillanter toutes mes affaires si je veux ralentir l'invasion.

La chasse à l'arc est délicate.

Heureusement que mes hameçons connaissent plus de succès.

Mon trou d'eau prend les allures d'une agréable baignoire. L'hygiène, c'est déjà la liberté.

Ma petite maison forestière a bien grandi !

6

UN CIMETIÈRE DE VIE

Mon ventre sonne l'heure du réveil. Je pars quérir mon petit déjeuner. Direction la poissonnerie. Sur la route, je bifurque pour saluer mes poteries. Encore une fois, ma cuisson a l'air de s'être bien déroulée. Les braises fument encore sous les parois asséchées de l'argile. Je les laisse mourir en paix et reprends ma route. J'ai l'impression de rencontrer de vieux amis d'enfance sur les troncs des arbres. Certains visages me semblent si familiers. Je les reconnais quasiment tous. Mes pieds se posent en aveugle entre les épines. J'inspecte mon territoire et mes sujets. Je prends la température.

La sylve est envoûtante, c'est l'amour à l'état pur. Les arbres s'embrassent, leurs feuilles couvent les œufs des insectes. Ils supportent les nids, les troncs protégeant les petits. Les odeurs y sont fortes et nombreuses. L'air y est authentique, l'humidité abondante. Il n'y a pas de poussière en suspension. Ici, tout est au sol. Il n'y a rien à cacher. Les papillons volent à leur allure, admirant d'un air presque pervers les étreintes amoureuses. Les lianes sont autant de lignes d'un livre d'histoire, tout n'est qu'anarchie de personnalités. Suivre une plante grimpante, quand cela est possible, c'est partir en croisade contre le temps.

Je ne savais pas qu'il me suffisait de lever la tête pour fuir dans la beauté des lieux. À force d'arrêter de fouiller le sol, ou de regarder sans cesse derrière mon dos, j'en viens à côtoyer mon martyre avec une tout autre approche. La pourriture sait aussi se montrer coquette quand elle le veut.

Je suis un enfant, ignorant des règles du monde dans lequel je viens d'arriver.

Ma curiosité me mène devant un arbre à encens [1]. Les Indigènes m'ont enseigné tous les

1. Nommé *moni* par les Amérindiens. Ce terme désigne toutes sortes d'arbres du genre *Protium* et de la famille des burséracées. En vérité, il ne s'agit pas du véritable encens, mais l'odeur de ses émanations s'en rapproche étonnamment.

secrets qui se cachent derrière sa fine peau. Ce résineux tient une place privilégiée sous la canopée. Son huile est facilement inflammable et la fumée qu'elle dégage repousse les insectes dans d'agréables élans parfumés. C'est une grande découverte pour moi : vivre dans la brume épaisse de la braise est asphyxiant, mais c'est mon seul moyen pour repousser la pluie d'aiguilles ailées chevauchant les airs. Désormais, grâce à l'encens, je pourrai respirer les vapeurs blanches des dieux, tout en bénéficiant de leur protection contre ces rapaces. J'incise tendrement ce grand arbre et promets de revenir le voir dès le lendemain, afin d'essuyer ses larmes, qui auront fini de couler.

Il me semble que les Amérindiens de Guyane ne possèdent pas de véritables connaissances de tous les végétaux de leur pays. Du moins pas comme nous pourrions le concevoir. Car pour reconnaître une plante, ils ne se fient pas à leur vue. Ils utilisent en premier lieu leur odorat et leur goût. Et c'est là que réside toute leur force. Car une telle connaissance est universelle par ce biais. Ils peuvent savoir rien qu'en goûtant une brindille si elle est toxique ou si elle soigne. De plus, en se fiant à ses yeux on se trompe facilement. La surface des choses, autant que les premières impressions, joue souvent des tours. Chaque plante est unique, et de ce fait, il se peut même qu'elle diffère de sa mère. C'est tout cela que les Indiens ont depuis longtemps compris.

Niveau santé, j'oscille entre le stable et le catastrophique. Parfois je me dis que ma peau va exploser comme une baudruche sous le pus, qui prospère. Tandis qu'il y a des jours où je me lève avec la certitude que je serai bientôt guéri. Mon cerveau ne sait que penser de tout cela. Peut-être est-il lui aussi malade ?

La pêche est bonne ce matin. La journée ne pouvait pas mieux débuter. De retour au campement avec quatre piranhas, j'installe ma plaque de poterie sur mon sol de bois. Maintenant, je peux faire du feu sous mon toit. J'ai un poêle au pied de mon lit ! Cependant, je garde la cuisine au sol. Je ne veux pas que des odeurs de graisse embaument mon repaire. J'additionne mes poissons avec un reste de cœur de palmier. Je découvre qu'il est excellent sec de quelques jours. Il dégage en bouche un arôme de fleur des plus appréciables. Décidément, les bonnes nouvelles ne cessent de tomber. La jungle est loin d'avoir livré tous ses secrets.

Néanmoins, la pluie de bienfaits finit par s'arrêter. Elle va céder sa place à une autre. Car les nuages itinérants ont choisi le coin pour donner leur concert ce soir. Et ils se maquillent déjà de noir et s'éclaircissent la voix pour leurs prochaines lamentations. Je m'empresse de ramasser du bois et de remplir mes gourdes afin de les faire bouillir à couvert.

La pluie m'est revenue encore une fois. Le soleil n'est plus le maitre aujourd'hui. Les stratus jouent au yo-yo au-dessus de ma tête. Ils s'enfuient puis reviennent à la charge, fous de rage. Ils narguent l'astre du jour. La saison des pluies n'est pas près de rendre les armes. L'orage n'a aucune envie d'abandonner le ciel. Les cieux tambourinent de combats, et moi, je n'ai rien d'autre à faire qu'assister au spectacle sous la pluie glacée. Mon socle de poterie est le bienvenu. Mon feu a trouvé asile sous mon toit et moi à ses côtés. Étendu dans mon hamac, je reprends des forces. Mon eau a tout le temps de s'assainir sur les flammes. Je repense à mes mésaventures. Je me revois môme rêvant de venir dans ce qui n'était pour moi qu'un éden. Je me rappelle tout entreprendre pour me mettre sur cette route. Tous les voyages que j'ai déjà effectués. Ils n'étaient que le préambule de ce grand projet : s'adapter aux conditions extrêmes pour vivre autrement. Toute ma vie converge vers l'Amazonie. Mais maintenant que j'y suis, que dois-je faire ? J'ai 19 ans, j'ai réalisé mon rêve. Que me reste-t-il d'autre à effectuer ? De quoi se composera mon futur ? Vais-je seulement revenir ?…

Je prends conscience que je ne suis rien. Sinon un dieu qui ne croit plus en lui.

Vent

Hier frappera à ma porte une nuit prochaine,
l'année se faisant reine et le temps seul juge.
Les superstitions souffleront sur mon crâne mûr,
et mon âme retombera, dans l'eau d'une fontaine.

Le soleil se couchera une dernière fois,
sur un voyageur appartenant déjà au passé,
sur le nom de poussière d'un poète oublié,
dans les mémoires percées de ceux qui savent marcher droit.

Hélas, hier frappera à ma porte cette nuit,
mais je reviendrai, c'est promis et, comme un enfant,
je me glisserai dans le lit de l'encre du temps.

Ravalant ses secrets, la vie s'en sera allée,
ne laissant sur un tertre que quelques bouts de papier,
que le temps finira, un jour de vent, par balayer.

La pluie tarde à rejoindre son lit. Elle anime une partie de la soirée avec sa grosse caisse.

Ce soir, le ciel offre sa tournée générale. La terre se soûle à l'eau de pluie.

Dès les premières lueurs, je retourne voir mon arbre à encens. La terre et les feuilles mouillées sont plus agréables sous mes plantes de pieds douloureuses. Je me prosterne devant mon géant à fumée, et lui prélève une petite boule d'encens de la grosseur d'une balle de golf. Je l'enferme tel un trésor dans des feuilles de palme. Bon, ce n'est pas tout, mais mes silos sont vides. Je dois retourner prendre des papayes et trouver d'autres palmiers au cœur affriolant. J'emporte mon arc et me dirige vers mon verger. Sur place je constate les ravages : des oiseaux ont profondément entaillé mes beaux fruits, et j'ai un mal fou à en trouver qui veuillent bien tomber. Car les papayers sont loin d'être des arbustes et leurs fruits ne poussent qu'à leur sommet. En dessous de six mètres, j'arrive à les décrocher à l'aide de longues perches. Mais au-dessus de cette limite, il me faut secouer énergiquement le tronc et prier pour que les bombes ne me tombent pas sur la tête ou n'explosent en touchant le sol…

Enfin, je finis par récupérer quatre papayes et pars en quête de palmiers.

Il n'y a pas beaucoup de lève-tôt ce matin. Peu d'animaux entendus. Mais peut-être est-ce moi qui suis trop bruyant. Il faut dire que je boite des deux jambes à cause de mes infections. J'ai l'air d'un estropié. Je traîne ma cale comme un jour de tempête. Une belle vie n'est-elle qu'une suite de douleurs ?

Je finis par trouver de beaux palmiers. Je les décapite et ramène leur tête sous mon toit. Avec tout cela, j'ai de quoi tenir encore un peu. Cet arbre est bien un des rares végétaux que les Indiens consomment. À part leurs racines et les fruits, ils se disent exclusivement carnivores. Quand je les ai questionnés à ce sujet, ils m'ont brusquement regardé avec de grands yeux. C'était un peu comme si je leur avais demandé pourquoi ils se vestissaient de rouge. D'autres ont même été plus radicaux, prétextant que les plantes étaient le domaine réservé du chaman. Je saisis mieux maintenant les origines du cannibalisme. Quant à moi, je rentre manger mes cœurs de palmier, que j'apprécie particulièrement.

Le bois manque encore et toujours... La pluie n'a pas arrangé les choses. Le seul combustible sec est celui qui est resté à la verticale : il n'est pas rare de trouver des arbres qui sont morts « debout ». Il suffit de leur enlever l'écorce pour découvrir des fibres facilement inflammables. Je retourne à ma pêche quotidienne. Malheureusement, sans mes steaks d'arêtes je ne peux survivre bien longtemps. Je comprends d'autant mieux le point de vue des Amérindiens : l'homme est né pour être un prédateur. Son champ d'action se limite à décider quel genre de chasseur il sera.

Après pratiquement une heure d'immersion sous-marine, je rapporte deux poissons-roches. Je suis fatigué. L'expédition de ce matin m'a complètement vidé. Je prends conscience de ma triste forme physique. De plus, j'ai encore servi de nourriture aux fourmis ce matin et je me suis écorché plus d'une fois sur les rochers du fleuve. J'ai envie de me laisser aller, de déposer pour un temps les armes. J'allume un nouveau feu et le remplis de pierres. Ensuite, je façonne une pelle dans une fourche de bois. J'attends que mes cailloux emmagasinent assez de chaleur et les plonge subitement dans ma baignoire. L'eau frémit à leur rencontre. La température monte rapidement sous le choc de leur entremêlement sous-marin. Quel soulagement pour moi, un vrai bain chaud ! L'hygiène, c'est déjà la liberté ! En un rien de temps j'ai l'impression d'avoir dormi toute une nuit…

Mon eau est à présent froide. Je n'ai plus qu'à faire cuire mon poisson pour ce soir avec le peu qu'il me reste de riz. Car pour lui la partie est terminée. Je n'ai plus qu'un fond de sachet de sucre. Ce sont les seules miettes que j'ai réussi à soutirer à mon terrible appétit. Je ne me suis jamais senti aussi délaissé depuis mon entrée dans la forêt vierge… Je n'ai plus le droit à l'erreur. J'ai épuisé tout mon soutien. Je ne peux plus me retrancher derrière mes sacs de provisions. Je suis vraiment seul. Ma bourse est vide, mon cœur est lourd. Aujourd'hui, mon organe moteur n'est plus qu'un boulet. Pourtant, je suis obligé d'avancer, même si je dois le traîner.

Le bain m'a tellement relaxé que j'ai bien du mal à rester éveillé. Je laisse mon feu finir sa combustion au sol, pendant que ma cheminée flambe juste au-dessus. Mon monte-plat se transforme rapidement en monte-bois. Je mets de l'encens à brûler pour assurer mes arrières. La

Deux manières de porter des objets chauds

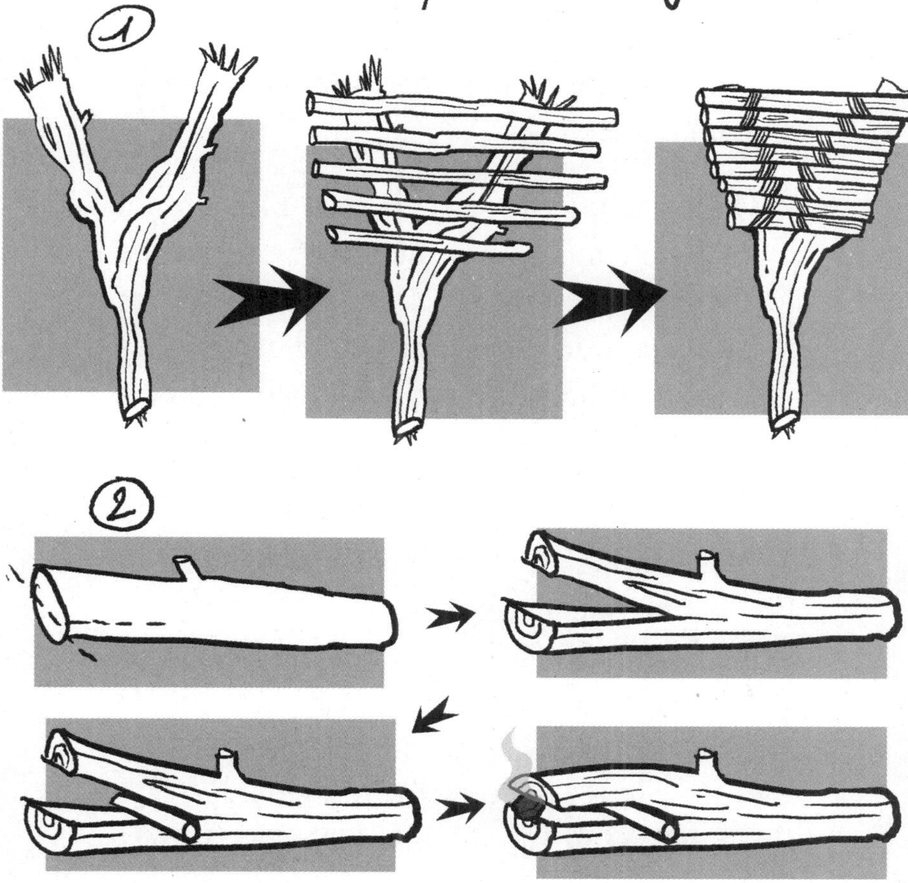

vigilance est une excellente amie, mais elle requiert une attention extrême.

Rencontrer le sommeil n'est pas bien difficile ce soir. Et je suis fermement décidé à ne pas le perdre de vue. Le réconfort d'un foyer à proximité me permet ce genre d'escapades nocturnes. Menotté aux pieds d'Hypnos, je passe entre les mondes pendant que mon corps se repose.

Demain si je ne trouve pas de nourriture je mourrai…

Quel bonheur de se réveiller ! Mon carbet brûle de sérénité : avec seulement deux jours de récolte, j'arrive à me créer une bulle d'encens rien qu'à moi. Je pars avec mon arc explorer les rives de mon fleuve. J'en profite pour prélever d'autres sèves parfumées à mon distributeur aromatique.

Mes journées de chasse sont peut-être infructueuses, mais je n'arrête pas de faire des découvertes. Aujourd'hui, c'est le roucou[2]. Sous les épines rouges de sa bogue se cachent de précieuses graines qui, une fois pressées, produisent un suc repoussant les moustiques. Ces bombardiers du Hamas qui viennent s'écraser sur moi tels des fanatiques suicidaires ne seront bientôt qu'un lointain passé. L'encens assainit déjà ma maison, mais désormais cette huile protégera mes membres en permanence. Je récupère les graines et grave soigneusement le lieu de ma découverte. Quelle chance ! Voilà que la forêt me vient en aide alors que j'en ai le plus besoin.

2. *Bixa orellana,* dont le fruit se nomme rocou.

Cependant, il me faudra attendre que les graines sèchent si je veux pouvoir les conserver. Car dans ces bois, il est bien difficile de garder quelque chose en vie. J'espère que les nuages noirs n'apprécient pas trop le coin…

Je dépose mes pépites dans les aspérités des rochers du fleuve, fortement exposées au soleil, afin qu'elles sèchent. Puis, je rentre chercher mon fil de nylon. Les eaux sont vraiment poissonneuses ici. Je commence à connaître les lieux, à repérer les bons coins. De plus, les piranhas sont vraiment affamés. Ils sautent sur n'importe quelle miette de nourriture. Le moindre ver me fait au moins trois vifs, et je n'ai pas de mal à en extraire des bords limoneux du cours d'eau.

La jungle est propice aux champignons. Ils sont les fleurs de ce jardin. Malheureusement, d'après les Indiens, aucun n'est comestible.

Je commence à trouver un quotidien dans cette vie. Par contre, mes pièges n'ont toujours aucune utilité. La fleur au fusil, je décide de partir poser deux autres collets. Il faut dire que le poisson commence à m'être un peu trop familier. Mais je ne suis pas certain que ce genre de piège fonctionne dans cette contrée. Car, dans un lieu où notre odeur trahit nos habitudes, je ne pense pas que mes petits voisins commettent l'erreur de passer plusieurs fois au même endroit.

Les arbres jettent toute leur descendance au sol. Ici, petits ou grands sont propulsés dans le monde sans pitié. Pas de place pour les faibles, la sélection naturelle atteint son apogée. Hitler n'est qu'un rigolo sur ce sol fasciste.

Je rentre manger mon poisson et un cœur de palmier. J'aime respirer une larme de calme dans la fumée blanche de mon logis. Je me mets en tête d'essayer de pêcher un coumarou pendant l'après-midi. Je pars dans un premier temps en quête de crabes. Je m'en vais inspecter le dessus des pierres du fleuve. Je m'étonne de leur petite taille par rapport à ceux que j'ai trouvés sur la côte. Les souvenirs de chasse aux crustacés dans les mangroves avec les Indiens me reviennent d'un coup à l'esprit. Les plongeons dans la vase, les pinces coupantes des crabes au fond de leur trou et l'excitation de la chasse… Aujourd'hui, seul le passé me traque encore.

Une fois les appâts trouvés et mon fil tendu, j'espère, assis sur un rocher. Le soleil est telle-

ment puissant que je suis obligé de m'asperger de temps en temps pour me rafraîchir. Après quelques heures d'attente, toujours pas de gros poisson et je n'ai plus de leurre. L'idée de patienter encore ne me satisfait guère et puis la chair des poissons-roches est excellente, elle me changera du goût des piranhas. Je disparais donc sous l'eau avec mon arc-harpon. Heureusement que je tue une prise assez vite, car je perds rapidement ma hargne au combat. Je me sens faible, je trébuche facilement, glisse sur les galets. Mon corps ne récupère pas assez vite. J'ai l'impression de stagner sous l'eau. Les épines des plantes aquatiques m'ont dans le collimateur. J'ai du mal à résister au courant, je manque un aller simple pour un autre monde plus d'une fois… Encore un escargot et cela sera tout pour le dîner. Je rapporte mes précieuses graines et quelques rondins pour mes feux. Je m'apprête à recevoir la nuit. Je mange mon unique poisson avec des cœurs de palmier. J'écrase sur ma peau quelques fruits frais de roucou pour repousser les seringues qui viennent sans arrêt pomper mon énergie. Puis, je me love dans mon hamac.

Une nouvelle journée s'éteint déjà. Je regarde le soleil disparaître derrière mon grillage de feuilles. Il quitte mon champ de vision, il s'en va vers un monde meilleur.

Je me lève sans aucune envie. Je prends mon fil de pêche et pars en direction du fleuve.

Sur la route, j'étale encore un peu de lait de roucou sur mon torse nu. Je tue deux piranhas, les vide et rentre faire bouillir ma marmite. Je prélève ma taxe journalière d'encens et monte dans ma cabane. Mes muscles refusent d'aller plus loin. Même mon estomac n'a plus envie de travailler. Mes paupières se sont déjà cousues sur le sommeil comme une plante carnivore capturerait une mouche. Tout mon être s'est refermé sur la paix. Je n'ai pas d'autre éventualité, il ne me reste plus qu'à digérer tranquillement mon repos.

Il fait quasiment noir à mon réveil. Mon phare s'est complètement éteint. J'ai tout juste le temps de reprendre mes esprits et de monter du bois pour la nuit. Je n'aurai pas assez de combustible pour alimenter mes deux feux. Je choisis de privilégier ma cheminée. Cette sieste prolongée d'une heure aurait pu m'être fatale. Mais maintenant que mes flammes scintillent, je ne crains plus rien. Je mets à cuire mes deux poissons de ce matin que je n'ai même pas eu la force de cuisiner. Je suis encore plus fatigué qu'avant. Et pourtant, j'ai l'impression d'avoir dormi une éternité. J'ai bien du mal à entendre toutes mes pensées. Mon estomac a faim, il aimerait quant à lui avoir plus souvent le droit à la parole. Mes yeux sont encore voilés, le poids de la nuit pèse déjà sur mes cils.

Maintenant que je vis dans les fumées des dieux, personne ne me rend plus visite. Je suis seul avec mes souvenirs, ou à courir derrière mon rêve. Après tout, ces petits insectes n'étaient pas si dérangeants que cela. À partir du moment où ils ne me mordaient pas, bien entendu. Il semble que plus on se ressemble, et plus on se trouve de différences. Et plus on diffère, plus on se trouve des points communs. Aimer son voisin est souvent plus difficile que d'aimer l'étranger.

Mes deux piranhas se noient déjà dans mon estomac. Mon quotidien commence à me lasser. Je me délecte avec mon dernier cœur de palmier. L'aventurier n'en peut plus, il va se recoucher.

7

LE DÉPART

Réveil plus paisible qu'à l'habitude. L'idée de partir s'est installée en moi. Du coup, il m'est impossible de la déloger. L'ordre est descendu des hautes instances de mon cerveau, mon horloge interne n'affiche plus que l'heure du retour. Tous les partis politiques de mon corps se sont alliés devant les urnes, la majorité est écrasante. Ils scandent déjà ma démission, j'abdique. C'est officiel, je vais chercher une pirogue au fleuve ! Je lève l'ancre ! Attention au départ !

Une douce joie me pénètre. J'ai l'impression de me réveiller après un mauvais rêve. Je ressens le même embrasement que lors de mon arrivée. L'aiguillon de l'aventure me domine, le goût du renouveau me nourrit. Enfin un peu d'action ! Je suis en avance sur la date de retour, mais n'ayant aucune confiance en mon piroguier je ne m'en préoccupe pas. Seulement, on ne sort pas comme on veut de la jungle. Les barques n'affluent pas par ici, en débusquer une ne sera pas chose aisée.

Je rassemble mon paquetage, enlève mes collets et finis par tuer ma matinée à la marche. La forêt paraît placide ce matin. Immobile, elle me regarde passer comme elle m'a vu arriver. Elle doit se demander ce qui peut bien trotter dans la tête d'un humain. Et même avec toute sa sagesse, elle ne semble pas capable de me comprendre. Je dois être une boule de nerfs si fragile vue du dessus.

Je retrouve les berges qui m'ont accueilli lors de mon enterrement. Là où mon fossoyeur m'a abandonné. Là où un homme a pour la dernière fois croisé mon regard. Je repense à toutes mes péripéties, tout ce que l'Amazonie abrite sous son manteau, aux arbres qui m'ont recueilli et à ma petite maison qui ne tardera pas à retrouver ses instincts naturels. J'y ai laissé tant de souffrances, cependant il semble qu'elles m'ont tant appris. Je me sens presque redevable envers mon bourreau… Finalement, c'est sûrement la forêt qui m'a apprivoisé.

L'après-midi défile en images passées comme un film sans cesse ressassé. J'ai tout le loisir de pêcher mon dîner, d'allumer un feu, et de cuire mes poissons sur le bord du fleuve. Je profite de mon temps pour me baigner. Dans les eaux sales de cette minuscule baie, mon regard semble rencontrer celui d'un autre homme. La forêt tropicale m'a forgé pendant tant de jours que mes yeux ne reconnaissent plus leur éclat à travers le miroir de moi-même. Ils ont vu tant de choses qu'ils en paraissent fatigués. L'orfèvre a bien travaillé, ses doigts experts m'ont entièrement dénaturé. Mon cuir est dur, mes cheveux sont secs comme le foin et mes mains ne savent plus caresser. Qui suis-je devenu ?

Le temps passe, les eaux bavent. Je suis impuissant sur la rive, à regarder la salive des fleuves couler. Tout défile sans encombre, et sans embarcation. Aucun humain à l'horizon, même pas quelques planches d'un canot que l'écume traînerait dans un coin afin de les avaler tranquillement. Mon feu se tue à lancer des S.O.S., il est hors d'haleine à force de signaler ma position. Je dois retourner au campement, déçu. Aujourd'hui ne m'a apporté que des questions. Le bonheur de partir commence à s'interroger. Peut-être que cette envie de fuir ne m'attendra pas. Peut-être est-elle déjà partie. Peut-être m'a-t-elle, elle aussi, abandonné. Ma place est peut-être ici désormais…

Affligé, je redescends dans mon antre. Seule la forêt semble contente de me revoir. Elle si hostile d'habitude a revêtu des gants de velours. Elle retrouve un de ses habitants. Les papillons me montrent le chemin. Les arbres s'écartent. Je me laisse guider vers mon abri. Et telles les pierres prises dans les remous, je racle les fonds sans pouvoir m'accrocher et sans savoir où le courant m'emporte. Je suis trop seul, mes batteries sont vides. J'ai suffisamment rêvé. Je veux retourner chez moi…

J'ai trop mangé ce midi, ce soir seul le désespoir m'alimente. Je n'ai plus la foi pour me nourrir, je brûle mes réserves internes. Je me mange. J'ai l'impression d'avoir été trahi. Je m'allonge dans mon hamac, et par la serrure de ma prison je regarde les étoiles volées dans la liberté. La nuit est si belle que je l'avais presque oubliée.

Chant du cœur

Je veux revoir mon chêne,

là-bas sont mes racines.

Je veux monter à sa cime,

pour lui confier ma peine.

Y retrouver tout mon calme.

Cette terre que j'aime,

ce sang qui coule dans mes veines,

comme aujourd'hui coulent mes larmes.

Peut-on aimer une femme

autant que son pays natal ?

Ici, ma joie est friable,

la bise éteint sa flamme.

Mais homme, tu es ainsi fait.

Cherchant toujours vers l'au-delà,

ne voyant pas ce que tu as,

car tu veux inventer ta paix.

Réveil tardif. Rien à manger, rien pour faire taire mon ventre qui n'a pas vu une miette depuis hier midi. Ce matin mon œsophage n'a même plus la force de sortir ses crocs. Il n'est plus qu'un vieil ermite bougon. Il tempête contre tout le monde, car il est triste. Il est trop seul, et il en a marre de sa solitude. Lui aussi se sent rejeté ici, ou du moins pas à sa place. Il faut que j'aille pêcher de toute façon. Je dois lui trouver à manger si je veux que nous restions en vie tous les deux. Déjà que ma tête me boude, je ne veux pas risquer de le perdre.

Mon sac à dos me regarde sous les champignons qui s'ancrent à lui comme des amarres. Les lieux semblent plus que décidés à nous garder, nous ne sommes pas les seuls à avoir faim. Ils commencent à nous ligoter. Mon barda m'interroge. Il a l'air fermement décidé à partir. Il me fait pitié… Ah, et puis merde ! Je retente une évasion, je ne vais quand même pas passer ma vie ici ! Je deviens fou, ma parole ! Je ne suis pas un Amérindien et encore moins un arbre. Ma place est ailleurs !

C'est une fusée qui décolle de la forêt, valise sur le dos, avec des réservoirs pleins à ras bord. J'aurais pu attérir sur la lune si je l'avais voulu ! Dans un tout autre monde, on aurait dit un homme d'affaires, mallette au poing, trop pressé pour admirer le décor. Mes pieds roulent comme sur des rails maintenant que mon chemin est clairement marqué après mes allers-retours inscrits à la machette. J'ai ouvert une brèche dans l'Amazonie. Que dis-je, une voie rapide ! La nature s'est poussée de mon sentier, elle n'ose plus se mettre sous mes plantes de pied. Je transperce la forêt d'un trait, j'atterris dans mon port. Avec un peu de volonté, il n'est pas si loin que cela finalement. Seulement, à quoi me sert-il d'arriver avant l'heure ? Le quai est désert, aucun bateau, aucune ambulance, personne ne m'attend... Je n'ai plus qu'à tuer le temps, de toute manière quelques poissons vont y passer...

Ça y est, l'après-midi d'hier recommence. Mon euphorie s'est fait la malle. J'ai pêché mon repas et je suis en train d'allumer mon four à micro-ondes dernier cri avec un briquet et de l'écorce de... Derrière les vapeurs de mon feu, une pirogue déboule. Je fais signe, souris, hurle ! Ils me regardent. C'est bon, ils vont venir ! Je suis sauvé ! Libéré de... Non, mais, que font-ils ? « Ohé, je suis là ! » Les voilà qui reprennent leur route. Ils se sauvent ! « Je vous fais peur, c'est ça ?! » Je n'y crois pas, ils détalent comme des lapins ! « Je vais pas vous manger !... Non, mais qu'est-ce que vous faites ?!... Oh, et puis allez au diable !... »

Bon, je me calme. Je pense qu'ils étaient trop nombreux pour pouvoir me prendre. Le point positif, c'est qu'ils signaleront sûrement ma présence au prochain village. Enfin, j'espère qu'ils prendront le temps de le faire.

Cette note d'espoir, arrivée assez tôt dans la journée, me redonne le moral. Je suis plus concentré sur l'horizon que sur mon fil de pêche. Les pique-assiettes se goinfrent sur mes hors-d'œuvre mal piégés. Je n'ai aucune chance d'arriver à nager jusqu'au prochain village et pourtant j'hésite...

En milieu d'après-midi le vrombissement d'une turbine se démarque distinctement de derrière les arbres. Quelque chose approche. La chance me sourit finalement, une pirogue pointe son nez. À ma grande surprise, je découvre mon piroguier. Il m'explique qu'il accompagne une équipe de Canal + un peu plus en amont du fleuve. Oui, ne vous méprenez pas, il y a bien écrit une équipe de Canal + ! Moi aussi je suis sur le cul, mais je remercie mes sauveteurs qui acceptent de m'embarquer. Je suis dans un endroit reculé, dans la banlieue de la planète présidée par l'argent et je ne pensais pas du tout tomber sur cela – mais les zones frontalières ont toujours été les plus vivantes d'après mon expérience personnelle. Ces commerçants se sont mis en tête de sensibiliser les Indiens et de leur apporter du matériel à faible coût : livraison et installation de paraboles gratuites ! Le dollar est vraiment un moteur puissant. Il pousse de nouveaux explorateurs dans les endroits les plus obscurs de la société, du moment qu'il y a encore quelques piécettes à engranger. Mais je passe mon temps à me plaindre – d'ailleurs heureusement sinon je n'aurais rien à vous dire –, j'ai souhaité un rapatriement et j'ai une pirogue quatre étoiles avec une équipe qui parle parfaitement le français. Que pouvais-je rêver de mieux ?

Enfin, j'ai doublement de la chance que la pirogue soit à Elouen – mon fossoyeur –, plutôt qu'à quelqu'un d'autre. Nos retrouvailles restèrent le plus brèves possible, ce qui est un excellent signe, car quand les autochtones parlent c'est plutôt pour évoquer des problèmes. Quant à ces importateurs, je me contente de leur dire que je me baladais dans la forêt...

Nous remontons le fleuve, direction le dernier des derniers regroupements d'Amérindiens de Guyane. La jungle semble soudainement impuissante face à ces vautours modernes. Elle se replie sur elle-même, elle ne fait pas confiance au monde extérieur. Elle sait que dorénavant elle ne peut plus barricader ces voies fluviales que les pirogues empruntent comme des portes pour mieux l'infester de l'intérieur.

Après une demi-heure de navigation, nous atteignons une plage d'où s'échappe de la musique. Nous débarquons tout le matériel, pendant que les Indiens nous regardent du coin de l'œil. Fidèles à eux-mêmes, ils ne changent rien à leurs habitudes. Ils continuent à faire la fête dans la plus grande indifférence qui les caractérise. Mais des effluves de graisse de poulets grillés encerclent bientôt le village, et, pris au piège, ils changent radicalement d'attitude. Cependant, nos habiles hommes blancs ne s'arrêtent pas là, derrière d'énormes étendards à l'effigie du groupe de télévision, ils distribuent maintenant T-shirts, casquettes, stylos, autocollants, pour le plus grand malheur des Indiens. Une phrase de Christophe Colomb résonne soudainement en moi « Ces êtres sont dociles, ils pourraient servir à quelque chose. » Qui a dit que l'esclavage avait été aboli ?

Après quelques heures à partager le *kashiri* [1], et des poignées de main, Elouen me dépose avec la nuit à Antecume-Pata. Dans la pénombre naissante, tous les regards se posent bientôt sur moi. Ils croient d'abord à un fantôme, à moins que ce ne soient les brumes alcoolisées du soir qui les fassent douter ? Certains me touchent. La fille du chef parle en premier : « *kabadaro* – le jaguar – ne t'a pas mangé ? »...

Pour eux c'est clair, je n'existe plus depuis le jour où je les ai quittés. Le chef coutumier qui m'a recueilli la première fois me touche à son tour. Il sourit. « Viens boire. » Je retrouve le village tel que je l'ai laissé. Rien n'a bougé. On survit toujours, laissant le soin aux générations futures de balayer la montagne de problèmes qui s'entassent devant les portes. La fête reprend, je suis invité d'honneur apparemment. Personne ne comprend plus rien. J'en profite pour savoir s'il n'y a pas des pirogues qui partent en ville le lendemain matin. Car je ne compte pas rester plus longtemps dans le village et j'ai besoin de soins urgents. Mais grâce au ciel les allocations familiales viennent de tomber. C'est un véritable convoi de drogués

1. Terme amérindien désignant une boisson alcoolisée faite avec du manioc fermenté.

qui s'apprête à faire route vers l'occident. Beaucoup veulent prendre le départ pour la course aux distributeurs de billets. Je ne vais pas avoir de mal à trouver une pirogue.

L'argent est un fléau pour ces peuplades. La France les saigne. La nationalité française leur a été imposée. C'est un Indigène qui me raconta comment cela s'est passé.

Les ambassadeurs français réunirent tous les grands chefs amérindiens afin de leur annoncer une nouvelle capitale : la France dans son extrême bonté allait leur accorder la nationalité française. Une fois les plus grands sages amérindiens du pays repus autour d'un large buffet, on leur fit l'énumération de tous les nouveaux et bons privilèges qu'ils allaient acquérir. On insista particulièrement sur l'argent et tous les problèmes qu'il allait pouvoir régler. Une fois les discours terminés, les chefs amérindiens décidèrent de se retirer pour réfléchir ensemble sur leur verdict. Leur réponse ne se fit pas attendre, ils avaient décidé de refuser l'offre française. Le gouvernement ne s'attendait pas du tout à cela. Cependant, il fit la sourde oreille et la leur offrit de force. Depuis, les allocations familiales, aides au logement et même pour certains le chômage arrivent tous les mois sur les comptes bancaires que le père s'empresse de liquider en vidant des bouteilles. Ils ont perverti les derniers vrais hommes. Les enfants d'Adam sont devenus des diables par leur faute. L'homme sauvage se meurt au profit de l'homme domestique. Mais cela n'est pas nouveau, vous pouvez oublier ce que je viens de vous dire…

Elouen et ses copains décident de partir en ville dès le lendemain. Je réserve ma place à bord d'une de leurs embarcations.

J'apprends plus tard dans la soirée qu'un jeune de 19 ans était mort deux ans auparavant en ayant tenté la même immersion que moi. La liste de tous les malheureux que la forêt a engloutis me paraît soudain extrêmement longue… Pourquoi suis-je revenu ?…

Je suspends mon hamac entre deux poutres et somnole. J'ai beau être fatigué, quelque chose en moi se refuse à baisser la garde. Je me couche encore avec mon couteau, mes sens se hérissent au moindre souffle. La jungle est rentrée en moi.

Réveil à l'aube. Finalement, la nuit a « porté conseil » aux jeunes qui préfèrent rester se soûler plutôt que d'aller chercher de l'argent. Tant qu'ils en ont assez pour acheter de l'alcool, le monde est rose à leurs yeux. Du coup, le nombre de convois a diminué et ma réservation s'est annulée d'elle-même. Cependant, mon expérience en leur « coutume » m'a fait pressentir ce nouvel imprévu. Je trouve finalement de pauvres fauchés qui acceptent de m'emmener.

Dans le sillage de ma pirogue, les avant-postes de la forêt se confondent déjà. Je quitte mon gibet, ma potence, mon billot... Les images défilent derrière mes yeux, mais pour la chose que je suis devenu, cette journée a plutôt des allures de commencement que de fin. J'ai bien enterré quelque chose sous le couvert des arbres. C'est un autre homme qui descend le fleuve. Mon attention ne s'attarde plus sur les mêmes détails, mon nez se promène au vent comme dans son foyer. Mon oreille se surprend à reconnaître les bruits qui m'entourent. Ma peau ne souffre plus du soleil.

Les Amérindiens connaissent chaque méandre de cette mer de terre – car c'est bien de cela qu'il s'agit : ces eaux sont rouges d'argile, le fleuve n'est qu'un filet de boue par endroits. Ils manient leurs barques avec virtuosité à travers tous les pièges cachés sous les eaux. Ils circulent en fonction de la profondeur, des changements de courant, des rochers affleurant ou bien encore des souches que ce gigantesque estomac digère patiemment. Ils ne sont peut-être que des marins d'eau douce, mais ils sont parmi les meilleurs de cette planète.

On débarque vers 10 heures à Maripasoula[2]. On m'oblige à remettre mes chaussures et mes habits. Un Blanc quasiment nu accompagné par une troupe d'Indiens occidentalisés, il paraît que ce n'est pas envisageable pour tout le monde. Je me plie donc à leurs exigences. Mes plaies s'estompent sous l'habit. Je redeviens blanc comme la neige.

J'ai de la chance, car un avion de brousse part dès 12 h 50 pour un vol direct vers Cayenne. Une fois la longue queue devant le seul distributeur de billets de la ville effectuée, je me paye un sommaire déjeuner. Les villes d'ici me semblent pires que la forêt vierge, je ne suis pas mécontent de quitter rapidement ce trou à emmerdes. Je repense aux jeunes laissés et à leurs bouteilles. Peut-être vomissent-ils en ce moment même à ma santé ? J'ai réussi à partir sans leur laisser les euros qu'ils me réclamaient sans cesse pour s'enivrer ou se droguer[3]. Dans

2. Ville de 6000 habitants au bord du fleuve Maroni, la frontière entre la Guyane et le Surinam.

3. La cocaïne, qu'ils appellent « le blanc », est consommée allègrement avec la marijuana, qui pousse en abondance à l'abri des regards indiscrets.

ce pays – comme dans beaucoup d'autres –, c'est la couleur de peau qui détermine la grosseur du portefeuille. Je repense aux Amérindiens ayant décidé de partir revivre dans la jungle et d'entamer une guerre visant à se débarrasser des parasites blancs de la forêt. Ils m'auraient sans doute tué s'ils m'avaient rencontré sous leur toit de feuilles, mais j'ai à la rigueur plus d'estime pour eux que pour leurs frères qui pactisent avec les Français.

Ça y est, c'est l'heure des adieux. On me dit qu'il me faut taire les problèmes d'alcool des Amérindiens et faire attention à ce que j'écrirai... Mais cette fois, c'est moi qui abrège. J'ai l'impression de perdre mon temps.

L'heure du décollage approche. J'ai bien du mal à monter avec mon arc à bord de « l'appareil volant ». Décidément, tout le monde se plaît à me laisser pourrir sur place. Mais je finis par réussir à quitter le sol d'une manière tout aussi incertaine que mon embarquement. Me voilà maintenant assis dans les entrailles d'un vieux briscard comme on n'en voit que dans les vieux films : deux moteurs à hélice, vingt-quatre places et à peu près autant de voyants. Pas d'ordinateur dernier cri, pas de pilotage automatique, juste un manche et deux pilotes. Les passagers peuvent tout admirer du dressage de l'avion, étant donné qu'ils sont pratiquement le nez dans la cabine. Par les petits hublots, les cimes ont l'air de courir à cause des vibrations de l'appareil…

J'atterris avec les prières des autres passagers à Cayenne. Je longe le grillage de l'aéroport pour rejoindre ma première tribu arawak, où j'ai passé un mois, chez Charles qui m'a pratiquement adopté. Mes infections sont sérieuses. Le retour est d'autant plus agréable, on m'accueille à bras ouverts comme la dernière fois. Dorian, un copain que j'avais laissé, me reçois en ces termes : « Oh, tu es devenu tout noir »…

Là aussi rien ne semble avoir évolué. Ce pauvre village trop près du monstre urbain s'enlise sous le bitume qui le cerne. Des Indiens qui mangent des hamburgers et qui sentent le parfum ça existe – trop – par ici. Ils ont tourné le dos depuis longtemps à leurs coutumes alors elles ont fait de même. Cela fait déjà plus de vingt ans que le dernier sage est parti avec tous les secrets de leur ethnie. Même sur son lit de mort, il refusa de diffuser sa mémoire à son clan. Tous ces siècles d'histoires, de connaissances que lui avaient transmis ses ancêtres à travers la voix de son père s'éteignirent avec lui. Il estimait que les jeunes n'étaient pas aptes à recevoir un tel savoir. Que les Blancs les avaient rendus fous et qu'ils en feraient mauvais usage. Les Arawaks ont tout perdu de leur identité, ils font maintenant venir des Indiens du Suriname pour réapprendre leurs traditions.

Je m'installe, on pare au plus pressé : lavage et désinfection de mon équipement. Il est trop tard pour se rendre chez le médecin, les rendez-vous se prennent plusieurs semaines à l'avance et les urgences ne sont traitées que le matin. Je parle peu de mes aventures, je n'ai pas encore fait mon deuil. Ma nouvelle famille le comprend très bien, ici on est habitué au malheur. Je m'exprime pour l'instant plus avec mes dents qu'avec ma langue. Je ne suis pas près de vider mon sac, car je le remplis de nourriture. Je ne mange plus, j'ingurgite. Je me suis tellement bridé que j'avale simplement de peur de ne plus en avoir l'occasion ; comme un animal, je me gave. Tout y passe, le sucré, le salé, le piment, les graisses… Rien ne me fait plus peur quant il s'agit de nourriture. À ce rythme-là, je vais aussitôt reprendre mes kilos.

Je m'endors très tôt, au moins ici je me sens presque comme chez moi. Je rengaine ma vigilance. Enfin, mon corps peut combattre avec toutes ses forces contre les blessures de la forêt qui continue encore à me hanter.

Le lendemain matin, on m'emmène chez le médecin. La femme de Charles me dépose en ville. J'attends patiemment mon tour, la liste d'attente est longue. Au bout d'une heure, je m'introduis enfin dans le bureau si convoité. « Bonjour monsieur qu'est-ce qui vous amène ? »

Je ne souhaitais pas m'étendre ; alors, tel un Indien, j'abrège :

— J'ai plusieurs infections qui empirent de jour en jour.

— Montrez-les-moi s'il vous plaît. J'enlève mes chaussures et retire ma chemise.

— Où avez-vous attrapé cela ?

— Dans la jungle.

Les yeux du médecin s'allument soudainement d'un feu nouveau.

— Combien de temps y êtes-vous resté ?

— Un peu plus de trois semaines.

Un léger spasme le parcourt brutalement, comme si on venait de le mettre instantanément en marche. Il empoigne son stylo et déclenche un tourbillon d'encre. « Antibiotique local, antibiotique général… Vous avez de la fièvre ? Bien entendu. Vermifuge ! Montrez-moi votre cuir chevelu. Ah ! C'est bien ce que je pensais. Lotion ! Oh, mais c'est quoi ça ? Vous êtes plein de parasites, des poux, prenez celui-ci, c'est le meilleur en la matière[4]. Bon et bah si c'est comme ça je vais aussi vous prescrire celui-ci, et cela aussi contre l'eczéma dû au soleil, regardez, vous en avez plein les bras. Ah ! j'oubliais, il vous faut aussi cette pommade contre… Quoi ? Vous me dites que vous avez eu la gale en plus ?!… » La feuille n'allait pas suffire. J'ai beaucoup de mal à le calmer…

— Et surtout prenez bien tout. Vous êtes sûr que vous ne voulez pas un antiseptique, ou même…

— Non, non c'est bon. Ma famille d'accueil en a déjà. Merci beaucoup à vous et au revoir. »

La pharmacie est juste en face, non loin de l'église qui semble soutenir tout le poids de la ville sur ses maigres épaules. Ici, la foi permet de vivre jusqu'au lendemain. Je n'ai pas bien loin à aller.

4. Pour la petite histoire, il m'a fallu un mois entier pour m'en débarrasser et le pire dans tout cela c'est que je ne les ai pas attrapés en Guyane, mais en Malaisie trois mois plus tôt.

Je reste deux jours de plus à Sainte-Rose-de-Lima. J'apprends qu'eux aussi ne croyaient pas vraiment en mon retour. Ils guettaient les informations locales et les journaux pour voir si un Blanc n'avait pas été porté disparu en tentant une folle aventure seul dans l'Amazonie. Je retrouve d'anciens copains, reprends ma place dans l'équipe de foot. Je prends part aux discussions de ces citoyens français qui essayent de renouer avec leurs traditions. Pourquoi est-ce souvent trop tard que l'homme se rend compte de ses erreurs ?

Seulement, je ne souhaite pas m'attarder. Je quitte le sol guyanais un vendredi vers 19 heures. Le soleil est resté un peu plus longtemps éveillé pour mon départ. Je suis en route pour la France. Je rentre, ça y est ! Je prends mon envol, je monte au ciel. Enfin je suis sorti. Cependant mon âme est restée. Elle a peur des avions désormais. Et puis elle connaît. Elle sait grimper aux arbres comme la horde de fourmis, ou encore suivre le singe et voler avec les lianes. Elle a subi la fougue du sanglier et a appris la sagesse du vieil arbre. Elle a trouvé la paix dans ces ténèbres. Elle a trouvé un paradis dans l'enfer. Quelque part, au pied d'un fromager, elle m'attend. Je marche toujours certes, mais je vous l'ai dit, je suis mort. Oui, ça y est, je suis bien mort !

— *Krik !*
— *Kraki.*
— *Sa zandoli ka pote ?*
— *Fokol.*
— *Ha, ha, ha…*

Formule rituelle énoncée pour commencer ou clôturer un conte wayana.

8

AU FINAL

Il m'a fallu cinq mois pour me remettre physiquement et mentalement de cette aventure, l'un n'allant pas sans l'autre. Ce livre constitue pour moi une chance unique de pouvoir retracer mes péripéties et de tirer un trait sur le passé. En rentrant dans la forêt, je m'attendais surtout à souffrir physiquement, mais à ma grande surprise c'est ma tête qui eut le plus de blessures. Quand on veut avancer, on finit toujours par y arriver, mais quand on ne veut plus, cela devient délicat. Les entailles de mon cerveau mirent du temps à se refermer et certaines images ne disparaîtront peut-être jamais. Oui j'ai failli abandonner, oui j'ai failli me suicider. Mais je suis encore de ce monde et c'est ce qui compte aujourd'hui.

On me demande souvent si j'ai envie de retourner dans la grande forêt, de franchir une nouvelle fois son seuil. Avant de répondre il faut sûrement recadrer ma vie. J'ai beaucoup voyagé les mois qui ont précédé cette aventure et à chaque retour je me disais que c'était mon dernier. Puis une semaine plus tard, la maladie reprenait le dessus… Finalement il est possible que je ne sois qu'un éternel malade. Les plaies de mes expéditions n'ont pas le temps de cicatriser. Je me drogue à l'aventure.

L'idée de retourner dans la jungle ne me repousse pas, je dois même dire qu'elle me plaît assez. La forêt m'a tatoué et je sais qu'une part de moi est restée là-bas. Cependant, si j'y retourne, cela sera encore et toujours plus loin.

Ces écrits ont été romancés. Néanmoins, tous les événements relatés me sont réellement arrivés. Ce qui est certain en revanche c'est que les bois ont été pour moi bien plus noirs qu'ils ne le sont décrits dans les derniers chapitres. La sylve ne m'a pas permis d'y vivre, je n'ai fait qu'y survivre. J'ai donc failli à mon objectif premier. Mais peut-être n'est-ce que partie remise…

Ma plus grande déception n'est pas venue de la forêt, mais de ses habitants. Tout au long du récit, j'ai essayé de vous livrer quelques bribes de la vie des Amérindiens.

Je vous laisse maintenant trois contes de Guyane que j'ai moi-même entendus afin de donner à ceux qui le souhaitent une approche de la pensée du pays. Celle-ci est très complexe et comporte des points que nous ne pourrons certainement jamais comprendre (notion de propriété très différente de la nôtre, parité entre les sexes, conception du monde, de l'individu...). Les contes amérindiens sont pour moi la manière la plus fidèle de vous livrer un peu de l'univers indien que j'ai côtoyé à travers deux ethnies différentes. Car ils constituent la mémoire vivante de ces peuples. Ces paroles que j'ai retranscrites ont quelque chose de sacré, car ce sont les seuls livres d'histoire pour les Indiens d'Amazonie. Ce sont les pierres angulaires de leurs sociétés : sans la transmission orale des anciens, ils sont sans arme face à l'adversité de la jungle.

ANNEXES

CONTE 1

Barbousa et les yeux du vieillard

Deux jours après l'apparition de la lune rouge, Barbousa se leva bien avant le soleil. Il savait que cette date resterait à jamais gravée dans sa mémoire. Aujourd'hui pour la première fois il allait chasser seul dans la forêt. Il alla quérir les pointes de flèches que son père avait mises à tremper deux jours auparavant[1]. Il les glissa soigneusement dans un petit réservoir en bois taillé à cet effet et l'attacha à sa ceinture de coton. De l'autre côté sur celle-ci, il noua une autre petite poche végétale rouge[2] qui renfermait le matériel essentiel en forêt, c'est-à-dire : une poignée de sel, un citron et quelques feuilles de tabac[3]. Ensuite, il prit son arc et ses flèches[4], et s'engouffra en même temps

---

1. Les pointes de flèche étaient taillées dans un bois très dur et mises à tremper dans un poison. Chaque ethnie avait sa manière de le confectionner. Toujours est-il qu'il tue un être humain en quelques heures, c'est donc pour cela qu'une extrême précaution était prise en ce qui concerne le maniement des pointes de flèches empoissonnées.
2. Le rouge est la couleur des Amérindiens, il symbolise la divinité de la terre.
3. En cas de morsure de serpent, les Indiens utilisent ce procédé : d'abord tuer le responsable, lui couper la tête et lui fendre le corps en deux dans le sens de la longueur ; le faire carboniser sur le feu le plus vite possible ; une fois réduit en poudre, l'avaler avec de l'eau ; enduire la morsure de sel et attacher une rondelle de citron par-dessus ; ensuite, mâcher les feuilles de tabac.
4. Les Indiens ont une flèche par type de gibier. Une pour les petits mammifères, une pour les gros, une pour les oiseaux, une pour les poissons carnivores et une pour le jaguar.

*qu'*hadali[5] *dans la grande forêt. Après trois bonnes heures de marche, il ralentit sa cadence et explora les environs. Le gibier ne manquait pas à cette époque, et rapidement il entendit des bruits provenant des sommets. En se rapprochant, il aperçut une horde de* babounes[6] *prenant leur déjeuner autour d'un maripa. Quelle aubaine c'était pour ce jeune chasseur ! Barbousa, recula un peu, sortit une pointe à l'allure effilée*[7]*, et la fixa au bout de sa meilleure flèche de roseau. Il déposa tout ce qui pouvait l'encombrer, respira un bon coup et s'approcha doucement. La meute était grande, Barbousa n'eut pas de mal à sélectionner sa proie. Un grand mâle bien dodu attira tout de suite son attention. Le vent avait soufflé toute la nuit et ce matin il ne semblait pas encore réveillé. Les conditions étaient optimales pour la chasse. Il n'était plus qu'à vingt mètres du palmier à présent. Il s'avança encore un peu et banda son arc. Il ajusta longuement son tir sur l'animal insouciant. De ses doigts habiles, il décocha la mort. La flèche se planta sous l'aisselle du mammifère qui, sous la puissance du trait, tomba d'abord à terre, se releva puis s'effondra quelques mètres plus loin sous l'action du poison. Déjà, la cime de l'arbre était déserte, la panique avait emporté la meute dans les profondeurs de la jungle. Barbousa ne s'attarda pas et courut retirer son trait du cadavre afin d'éviter que le poison ne se répande dans tout son corps. Armé d'un couteau, il entailla largement la chair déjà*

---

5. Terme arawak désignant le soleil.

6. Les Guyanais les appellent ainsi, ce sont des singes hurleurs roux *(Alouatta seniculus).*

7. La pointe en question pour le gros gibier ressemble un peu aux pointes ovales des Romains.

contaminée par le venin rapide et la laissa sur place. Puis, après avoir remercié le singe pour sa viande, il alla couper des feuilles de palme qu'il tressa afin de porter le mammifère sur son dos. Il retourna chercher ses affaires et prit le chemin du retour le sourire aux lèvres. Il pensait déjà à la fierté qu'aurait sa mère en le voyant revenir de la forêt chargé comme il était. Pourtant, il restait sur ses gardes. Il savait que l'odeur du sang ne passait pas inaperçue pour kabadaro [8], *le jaguar.*

À peine avait-il marché pendant une heure qu'il tomba nez à nez avec un vieil homme assis sur un tronc. Il semblait ne pas s'intéresser au jeune homme et était submergé par la confection d'un petit panier en palme. Barbousa le salua comme le veut la coutume – c'est-à-dire avec tout le respect que les jeunes doivent aux plus vieux qu'eux. Le vieillard ne manifesta guère plus d'engouement devant cette visite inattendue et continua calmement son entreprise. Curieux, Barbousa lui demanda ce qu'il faisait là. Le vieux ne s'attarda pas et répondit simplement : « Kabou. » *Le jeune homme ne comprit pas, et il continua de le questionner. Mais, le vieux ne savait dire autre chose que* « Kabou. » *Cela était bien étrange pour Barbousa. Que pouvait faire ce grand-père tout seul dans la* konoko [9] *? De plus, Barbousa ne comprenait rien du tout au mot « kabou* [10] *». À moins qu'il veuille parler des yeux, qu'il confection-*

8. Terme arawak ; le jaguar est vraiment l'une des plus grandes craintes de l'Amérindien en forêt.

9. Terme arawak désignant la forêt.

10. Ce mot peut dériver de *koshi*, les yeux en arawak, et d'*acou*, les yeux en caraïbe.

nait son panier pour des yeux, mais qu'entendait-il par-là ?... Après tout peut-être que l'individu utilisait une autre langue qu'il n'était pas en mesure de comprendre[11]. *Finalement, Barbousa décida de reprendre sa route, il laissa le vieux et son panier et arriva au village.*

Pendant que sa maman préparait le repas, il s'empressa de raconter son entrevue à son père. Il lui rétorqua que son histoire ne rimait à rien et que le village n'avait pas à s'inquiéter d'un vieil homme. D'ailleurs leur communauté n'avait jamais été aussi forte qu'en cette époque tellement elle regorgeait de valeureux guerriers. Ils finirent par aller manger de bon cœur la viande que Barbousa avait ramenée. L'après-midi fut longue : apparemment, ce vieillard ne voulait pas sortir de sa tête. Il alla en parler à d'autres adultes, mais tous lui répondirent d'une même voix... La nuit tomba, et avec elle les hommes. Pourtant, notre jeune ne parvenait pas à trouver le sommeil. Il ne cessait de s'interroger tout seul dans le noir. Il était encore éveillé quand il entendit quelqu'un s'approcher. Par un interstice du mur, il aperçut tel un fantôme le vieil homme marcher vers lui avec un panier déjà plein d'yeux fraîchement arrachés. Il prit ses jambes à son cou et alla se réfugier dans la forêt. Assis sous un wadarra[12], *il se mit à pleurer. Tout cela arrivait par sa faute, il*

11. En effet, chaque ethnie a son dialecte, en plus d'une autre langue commune à toutes pour se comprendre.
12. Arbre cathédral, sacré pour les Indiens. Le chaman confectionnait une pipe dans son écorce pour fumer le tabac qui lui permettait de communier avec les esprits.

n'avait su convaincre son village. Qu'allait-il faire maintenant ? L'idée lui traversa soudain l'esprit. Un seul homme pouvait l'aider. Il courut vers la hutte du chaman. Étrangement il n'eut pas de mal à trouver son chemin malgré l'obscurité. Anapaïcké était un chaman puissant, il savait déjà tout...

Au lever du jour, les villageois se réveillèrent dans la panique. Ils criaient en touchant le fond de leurs orbites vides. Le chaman et Barbousa étaient déjà sur place. Ils s'étaient levés aux aurores. Anapaïcké les rassembla tous et les emmena sur les rives du fleuve. Là-bas, il roula une feuille de tabac et alluma son extrémité. Il répandit sur le corps des hommes la fumée des bons esprits. Puis, après quelques incantations – qu'il me faut taire malheureusement –, il leur dit de rentrer dans les eaux du fleuve. Bientôt on ne vit plus que les têtes dépasser de la surface, puis les aveugles commencèrent à être pris d'ondulations. On aurait dit qu'ils entraient subitement en transe. On vit une queue, puis une nageoire et soudain un banc entier de poissons se mit à sauter frénétiquement dans les eaux. C'est depuis ce jour que des poissons sans yeux firent leur apparition dans le fleuve.

Barbousa quant à lui partit vivre avec le chaman qui lui apprit le langage des sirènes, et tous les jours il alla retrouver ses parents dans le lit de la liba[13]. *On raconte même que par la suite il devint un grand chaman à son tour.*

13. Terme sranan signifiant la rivière.

CONTE 2

La vie de couple

Une vieille légende amérindienne raconte l'histoire d'un couple qui vivait il y a bien longtemps, trop longtemps pour que la langue puisse le dire[1]*. La saison des pluies se finissait et les bois retrouvaient peu à peu toute leur sérénité. Tito et Tita décidèrent de partir à la chasse dans la jungle. Et pour tout vous dire, Tita commençait à en avoir marre de manger du poisson tous les jours. Elle espérait qu'ils reviendraient repus et les épaules chargées de lourds morceaux de viande. Après une bonne journée de marche, Tito alla couper de solides troncs pour l'armature de leur futur carbet*[2]*. Pendant ce temps, Tita s'empressa de partir chercher de longues feuilles de palme pour se protéger des averses qui menaçaient de tomber. Tito, revenu le premier, enfonça les piliers bien profondément et, ne voyant sa femme revenir, partit lui-même quérir les palmes nécessaires pour passer la nuit. Il les attacha solidement, puis ramassa du petit bois sec pour allumer le feu du dîner. Tita ne revenait toujours pas. Pourtant, Tito ne s'en inquiétait pas le moins du monde : il savait sa femme forte et habituée aux dangers de la forêt. (En fait, chez les Amérindiens, il n'y a pas de différence entre les sexes,*

1. Le langage amérindien dit au-delà du chiffre six : beaucoup ou *min... koro.* Vous imaginez les problèmes que cela suscite pour dater exactement les évènements passés.
2. Terme amérindien désignant la maison traditionnelle faite de bois et de palme.

*chacun est l'égal de l'autre.) Il eut raison, car alors qu'il mangeait son poisson séché puis mariné dans l'eau d'*hathi[3]*, il vit sa femme revenir toute souriante avec une énorme papaye sous le bras. Elle s'empressa de lui raconter ce qui lui était arrivé…*

Sur sa route, elle avait croisé un bel homme qui, après l'avoir saluée conformément à la tradition – ce qui prit une bonne dizaine de minutes –, lui remit une belle et grosse papaye. Avant d'aller plus loin il faut sûrement expliquer aux lecteurs absorbés dans l'histoire comment les Indiens se saluaient à cette époque. Seuls les anciens se rappellent cette coutume et rares sont ceux qui la pratiquent encore… Auparavant, pour entamer une conversation avec quelqu'un on lui demandait simplement s'il avait passé une bonne nuit. L'intéressé répondait alors et devait entièrement la raconter, du coucher au réveil. Ensuite on passait à l'autre… Ces mœurs permettaient à ceux qui les pratiquaient de savoir dans quel état d'esprit se trouvait leur interlocuteur au jour où il leur parlait. Je vous laisse imaginer le temps que pouvaient durer les salutations quand quelqu'un avait enduré une mauvaise nuit. Toujours est-il que Tita, jeune femme respectueuse, ne refusa pas ce formidable présent. Elle salivait même d'avance à l'idée de pouvoir mordre dans ce fruit à l'allure des plus appréciables. Elle le coupa délicatement et en tendit une part à son mari. Tito, méfiant de nature, lui rétorqua qu'il préférait manger son poisson aux ajes[4]*, qu'il aimait plus que tout. Tita s'attendait bien*

---

3. Dénomination arawak qui signifie piment.

4. Autre dénomination amérindienne qui veut aussi dire piment. Ce parler est le taki taki, ou le sranan. Il est le seul langage compris par l'ensemble des ethnies de Guyane.

à quelque chose de ce genre venant de son rustre époux. Elle ne se retint pas plus longtemps et porta le fruit à ses lèvres. Une fois repus tous les deux, ils retournèrent heureux s'étendre dans leur hamac de coton et ne mirent pas longtemps à s'endormir. Tito se réveilla en sursaut dans la nuit, des bruits se rapprochaient. Il appelle sa femme qui semble dormir d'un profond sommeil. Il saute dans son hamac[5] *et la secoue de toutes ses forces, mais rien à faire, elle rebondit dans ses bras comme une vulgaire feuille de bananier. Les pas sont de plus en plus proches, Tito prend peur et grimpe se réfugier sur le toit. Du haut, par un petit trou, il observe la scène… Il manque de se faire remarquer en lâchant un cri d'épouvante quand il aperçoit de gros moustiques de la taille d'un homme*[6]*, marchant sur deux jambes, rentrer dans le carbet et s'installer autour de sa femme toujours impassible. Que pouvait faire Tito, seul contre ces monstres ? Du bas, d'étranges murmures arrivent à ses oreilles. Il s'aperçut soudain que ces monstres étaient des femmes. Elles parlent de boire le* kashiri[7] *et plantent dans la peau de l'hôte de Morphée des tubes de bambou biseautés qui ne tardent pas à amener le liquide rouge aux lèvres de ces diablesses. Dans une horrible danse des joues, elles aspirèrent tout le sang de Tita, et en quelques instants sa peau devient mate, puis blanche. Une fois fini, les femmes moustiques repartent totalement ivres*

5. En effet les couples amérindiens font hamac à part.

6. Il ne faut pas oublier que les Amérindiens ne dépassent pas le mètre soixante-dix.

7. Dénomination amérindienne pour la bière de manioc que les Indiens consomment lors des fêtes. Il existe une autre boisson de manioc appelé *betiri*, plus crémeuse, qui ressemble au yaourt.

*en zigzaguant dans la forêt. Tito est sous le choc, mais il compte bien venger la mort de sa femme, il descend sans bruit, dépose un dernier baiser sur le front de Tita et part sur les traces de ces hideuses femmes-moustiques. Il arrive devant un gros arbre dans lequel roupillent déjà les meurtrières. Il court jusqu'à son village, réveille tous les guerriers et leur raconte en détail ce qu'il a vu. Ses frères eurent d'abord du mal à le croire, mais son récit était si convaincant qu'ils finirent par l'approuver. Ils partirent voir le chaman afin qu'il éloigne d'eux les mauvais esprits. Tito prit la tête de la troupe et les guida facilement à travers l'*orhik[8]*. Car il avait marqué le chemin en pliant le bout des arbustes lors de son premier passage. Ils arrivèrent bientôt au repaire de ces femmes maudites et quand les hommes du village les virent ronfler sous le poids des vapeurs d'alcool ils n'eurent plus aucun doute. Ils ramassèrent des brindilles bien sèches, récoltèrent de l'encens et mirent le feu à l'arbre. Les moustiques s'embrasèrent instantanément à cause de tout cet alcool qui fourmillait dans leur ventre. C'est ainsi que disparurent les femmes-moustiques, mais depuis ce jour un long cérémonial doit être effectué en commémoration de Tita la femme-papaye. Car l'on raconte que des chasseurs on vu et voient encore une femme qui, regardant les hommes droit dans les yeux, marche à reculons. On dit que de sa tête sortent des graines de papaye qui tombent au sol et que quiconque essaye de la suivre se perd inévitablement dans la grande forêt, qui devient sa demeure pour l'éternité.*

8. L'obscurité, par extrapolation la nuit pour les Indiens arawaks.

CONTE 3

L'homme, ce grand bêta

(conte créole)

Cette histoire se passe il y a bien longtemps, à l'époque où l'homme vivait encore en harmonie avec les animaux et la nature, c'est vous dire...

Déjà, ce grand bêta vivait tout seul de son côté. Tandis que les animaux jouaient dans l'eau, sautaient d'arbre en arbre, l'homme restait pensif et ne se dépensait pratiquement pas. Les autres s'étaient habitués à ce drôle d'animal et ne s'en préoccupaient plus. Mais un jour oublié de l'histoire, un jeune cousin s'approcha de notre lointain ancêtre et l'interpella en ces termes :

— Hé, l'homme ! Pourquoi tu ne viens pas t'amuser un peu ? Tu restes reclus depuis des années, à ressasser je ne sais quelles pensées qui ne t'appartiennent pas ?

— Mais c'est parce que j'ai beau regarder, je ne vois pas comment tourne le monde, répondit le vieil homme.

— Mais ne te préoccupe pas de cela. Viens donc t'amuser ! rétorque le singe.

— Non, je suis désolé, mais je veux comprendre.

Depuis le début de la conversation, les jeux avaient cessé. Les animaux, intrigués, s'étaient réunis autour du vieillard. L'aigle s'avança. « Bon, écoute, si tu veux je te donne mes yeux comme cela tu pourras voir aussi loin que tu le souhaites et ainsi comprendre les choses. » L'homme acquiesça. L'aigle lui donna alors sa vue perçante. L'ancien contempla le monde d'un regard nouveau. Il se leva subitement, puis se rassit. Les animaux le laissèrent un moment en pensant qu'il devait s'habituer à son nouveau sens. Le lendemain, ils revinrent.

— Maintenant que tu vois, viens donc t'amuser avec nous.

— Je vois certes, mais je n'arrive toujours pas à comprendre, railla le pauvre homme.

*Décidément, l'*Homo sapiens *était bien un animal à part. Les animaux le regardaient maintenant avec de la pitié, la plupart s'en retournèrent à leurs jeux. Mais le serpent, irrité, s'avança : « Je veux bien te donner le savoir puisque tu insistes, et ainsi tu comprendras notre univers. » Et après l'approbation de l'intéressé, le reptile lui donna le savoir.*

Les animaux regagnèrent leur salle de jeux et laissèrent le vieil homme. Pourtant, même après trois jours d'attente, l'homme n'avait toujours pas décollé le dos de son arbre. Les animaux, de plus en plus pessimistes sur son sort, revinrent et l'interrogèrent de nouveau.

— Qu'y a-t-il encore ? Que te manque-t-il pour ton bonheur ?

— Maintenant que je comprends le monde, je me trouve trop petit, et démuni pour y vivre.

Les quelques animaux qui restaient se regardèrent, perplexes, après cette réponse. Ils revinrent à leurs occupations. Peut-être que l'homme n'était pas fait pour s'amuser après tout ?

Cependant, le tigre était resté auprès de l'éternel malheureux. Il s'avança bientôt et il lui proposa de lui donner sa force…

Et depuis ce jour, l'homme est devenu le plus grand prédateur de ce monde. Mais malgré la vue, le savoir et la force, l'homme ne comprend toujours pas, car il lui manque encore la sagesse.

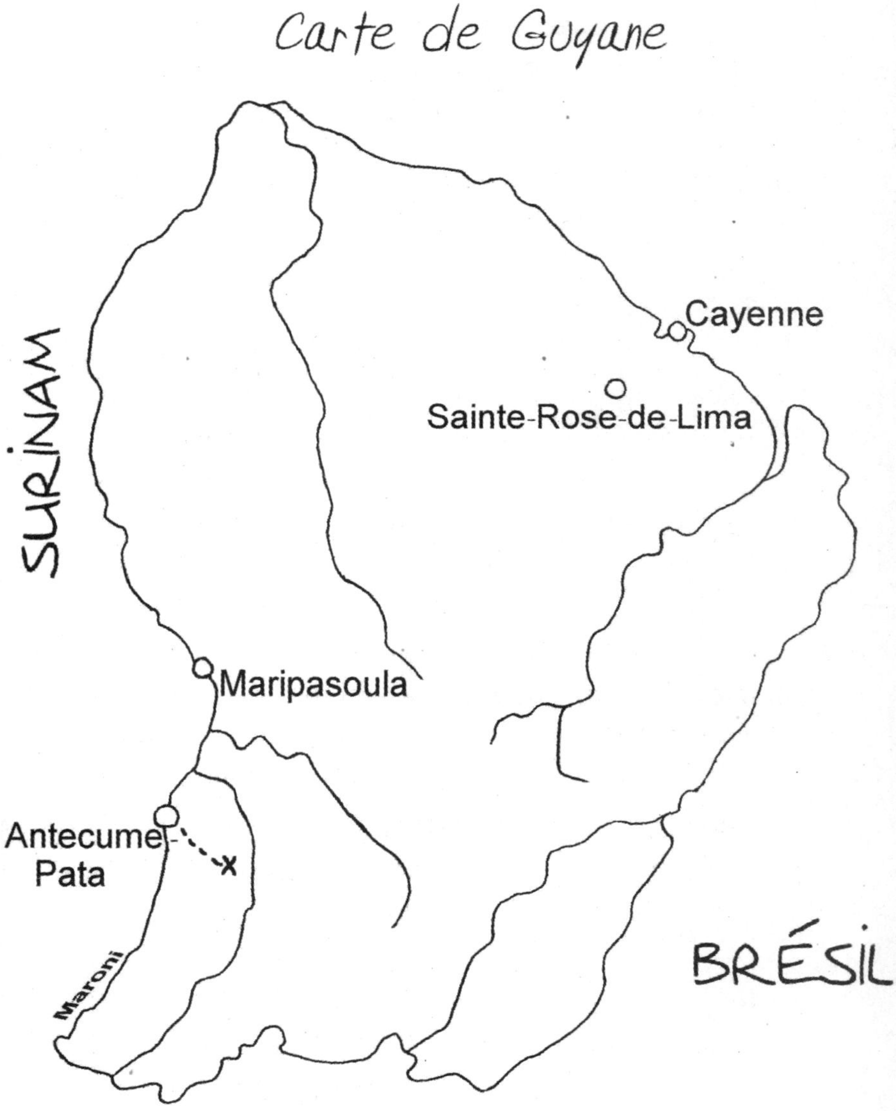
Carte de Guyane
Cayenne
Sainte-Rose-de-Lima
SURINAM
Maripasoula
Antecume-Pata
Maroni
BRÉSIL

LA FONDATION

ZELLIDJA
Bourses de Voyage

La fondation Zellidja, sous l'égide de la Fondation de France, a pour vocation de permettre aux jeunes de compléter leur formation scolaire par le renforcement de leur caractère, le développement de leur esprit d'initiative, et leur goût de découvrir le monde. Dans le cadre de ses ressources, elle attribue des bourses de voyage dans des conditions permettant de développer leur autonomie, et d'engager leur responsabilité dans le contexte de choix et de décisions individuels. Ces bourses sont volontairement d'un montant modeste (maximum 1 000 euros), mais permettent aux jeunes sélectionnés d'effectuer, seuls, un voyage d'au moins un mois, structuré par une enquête sur le thème de leur choix. Confrontés au nécessaire regard des autres lors de leur parcours en solitaire, les boursiers acquièrent une expérience essentielle à laquelle ils se référeront tout au long de leur vie. Au retour, ils relatent leur voyage et s'engagent à partager leur enthousiasme avec leurs camarades. Leurs prédécesseurs, regroupés dans l'Association des lauréats Zellidja, témoignent encore de la valeur de leur engagement.

Pour recevoir une bourse Zellidja, il faut :
– être francophone, garçon ou fille
– partir seul(e) un mois minimum
– avoir entre 16 et 20 ans
– construire un projet de voyage, structuré par une enquête, basé sur un budget limité
– remettre à son retour un rapport d'enquête, un journal de route et un carnet de comptes.

Les jurys régionaux sélectionnent les projets écrits, évaluent les motivations et le sérieux des candidats lors d'un oral, et le comité national attribue une bourse aux meilleurs d'entre eux. L'année suivante, les meilleurs voyages permettent de présenter un deuxième projet. Les boursiers du deuxième voyage deviennent, après sélection, lauréats de la fondation Zellidja. Les expériences les plus enrichissantes donnent lieu à remise de prix spécifiques. Les boursiers sont issus de tous les milieux sociaux, économiques et culturels.

Pour plus d'informations :

www.fondation-zellidja.org

Malheureux, en réalité, celui qui a marqué l'histoire, qui a gravé son nom dans l'éternité. Car il a changé le cours des choses, rajouté à la simplicité de la vie, la compliquant jusqu'à la rendre incohérente. Qui peut dire « J'ai vécu sans jamais influencer quiconque » ? C'est pour cela que l'Indien a trouvé la meilleure des vies. Celle de la nature, la seule qui est immuable. Il ne change rien, ne détruit rien. Son champ d'action est sans limites pourtant, mais il reste réfléchi. En réalité, je vous le dis, l'Indien est peut-être le plus lent et le plus fainéant, mais il est de loin le plus instruit.

Mon prochain voyage m'emmènera en Alaska. Je compte traverser l'État d'est en ouest. Au menu : chasse, pêche et aventure !

TABLE

Également paru aux Éditions Alphée • Jean-Paul Bertrand

BOUDISSEAU Julien et NICOLAS-BRION Guillaume, *Ici à Jérusalem.*
BOURLET Dominique, *Priez avec les guerrisseurs philippins.*
BRIGOULEIX Bernard, *Les Mystères du mur de Berlin.*
COSTA Jean-Patrick, *Les Chamans hier et aujourd'hui.*
DACQUAY Patrick, *Le Chaman blanc.*
ESNOS Philippe, *Chasseur de trésor L'or des Incas.*
— *Chasseur d'épaves : l'or des galions.*
HAMOU Sion, *Le gardien des seuils.*
JACQUET Pierre, *Etats-Unis une politique étrangère criminelle.*
MAGNY Christophe, *La Voie de la nuit : cérémonies des Indiens Navajo.*
NAVARRO Mélanie, *Une Occidentale initiée à l'iboga chez les Pygmées.*
RAVENWING Josie, *Guérisons et miracles de Joa de Deus au Brésil.*
ROBINSON Randall, *Une agonie sans fin : Haïti, de la Révolution à l'enlèvement d'un président.*
TIBER Elliot et MONTE Tom, *Taking Woodstock.*

Cet ouvrage a été achevé d'imprimer par SAGIM en mai 2010
sur rotative Variquik à Courtry (Seine et Marne)

Éditions Alphée - Jean Paul Bertrand
28, rue Comte-Félix-Gastaldi Monaco

N° d'impression : 11927
Dépôt légal : mai 2010

Imprimé en France

L'imprimerie Sagim est titulaire de la marque Imprim'vert® depuis 2004